Franziska Pörschmann

Mitarbeit: Agnes von Benckendorff, Jo Moskon

„UND WAS MACHEN WIR HEUTE?"

Freizeittipps für Kinder
in MÜNCHEN

LOSDOS:

Impressum

Projektmanagement: Johannes Moskon, Franziska Pörschmann, München
Textredaktion: Susa Mayr, München
Bildredaktion: Johannes Moskon, Franziska Pörschmann, München
Korrektorat: Linde Wiesner, Pullach
Layout: Dr. Alex Klubertanz, München
Umschlag: Jan Erdmann, Frankfurt
Piktogramme: Alexandra Klatt, vitamin2D, Potsdam

Dieses Buch wurde sorgfältig recherchiert und erarbeitet. Dennoch erfolgen alle Angaben ohne Gewähr. Für die Richtigkeit der Angaben können weder Autorinnen noch der Verlag eine Haftung übernehmen.
Für Hinweise und Anregungen sind wir jederzeit dankbar:

LosDos Verlag
Gaiglstraße 8
80334 München
angeklopft@losdos-verlag.de

Die Deutsche Bibliothek – CIP-Einheitsaufnahme
Ein Titelsatz für diese Publikation ist bei der Deutschen Bibliothek erhältlich.

Druck und Bindung: Graspo, Zlin, CZ

ISBN: 978-3-942336-02-4

www.losdos-verlag.de

Grußwort

München – Stadt für Kinder: Das umfasst nicht nur ein breit gefächertes und stetig wachsendes Betreuungsangebot für Kinder aller Altersgruppen, sondern darüber hinaus auch Freizeit-, Spiel- und Sportangebote in Hülle und Fülle. Dazu zählt ein flächendeckendes Netz öffentlicher Spielplätze, Abenteuer- und Wasserspielplätze, Bolz- und Streetballplätze sowie Skateanlagen; dazu zählen die großen Münchner Parks vom Englischen Garten über den Ost- und Westpark, den Hirschgarten und den Olympiapark bis zum Petuelpark und zum Riemer Park; dazu zählen die zahlreichen Münchner Hallen- und Freibäder, Theater und Museen, Mitmachangebote wie der Münchner Kinderkultursommer oder die Spielstadt Mini-München, die alle zwei Jahre in den Sommerferien ihre Stadttore öffnet. Und dazu gibt es noch vieles, vieles andere mehr.

Wer es ganz genau wissen will, was München für Kinder und Familien alles bereithält, dem gibt dieser Freizeit-Guide ein einschlägiges Informationsangebot an die Hand. Ergänzend dazu empfehle ich aber auch, mal in die Kinder- und Familieninformation im Münchner Rathaus oder in das Münchner Kinderportal Pomki.de, in den Münchner Kinderinformationsdienst Kids-Online oder auch in den vom Büro der städtischen Kinderbeauftragten herausgegebenen kostenlosen Wegweiser für Familien reinzuschauen. Und noch etwas: Ermäßigungen, Gutscheine, Anregungen und Angebote speziell für Familien mit Kindern enthält der Münchner Familienpass, der für 6,– € an vielen Orten der Stadt angeboten wird.

Damit wünsche ich allen Kindern, Eltern und Angehörigen viel Freude und Spaß bei ihren Entdeckungsreisen im kinder- und familienfreundlichen München!

Christian Ude, Oberbürgermeister

Inhalt

„Und was machen wir heute?" – München

Endlich – der Ratgeber für Unternehmungen mit Kindern in einer Großstadt. Sommer, Winter, drinnen und draußen! Hier ist der Insider-Guide für
ein unvergessliches Unterhaltungsprogramm für Kinder in München. Aktuell recherchiert und von Eltern bewertet.

Der Spot liegt auf den Freizeitangeboten, die München als Stadt bietet. Vom
kinderfreundlichen Restaurant zu den coolsten Wasserspielplätzen über Ak-
tivitäten bei Sonne und Regen und Chillen mit den Kindern bei Hitze und
Kälte – für jedes Wetter, für jede Stimmung! Kitsch und Kultur, sportlich und
entspannend! Wichtig für uns war, jeden Freizeitpunkt bequem mit U- und
S-Bahn, Bus oder Tram erreichen zu können. Und das ganze ohne Altersbe-
schränkung – von 0 bis 100 Jahren!

„Und was machen wir heute" ist gedacht für Eltern, Großeltern, Lehrer und
Familien, die ihre Freizeit mit Kindern aktiv, abwechslungsreich und sinnvoll
gestalten wollen.

Warum ein Kinder-Stadt-Guide?
Weil es keinen gibt! Okay! Stimmt so nicht. Natürlich gibt es Führer zum
Thema, aber kein Buch kann vollständig und allumfassend sein.
Bei unseren Recherchen machten uns viele Eltern, Erzieherinnen oder Lehrer
darauf aufmerksam, dass es neben den allgemein bekannten Empfehlun-
gen viele Geheimtipps gibt, die in kaum einem Buch erwähnt sind. Genau

Gehen wir spielen?

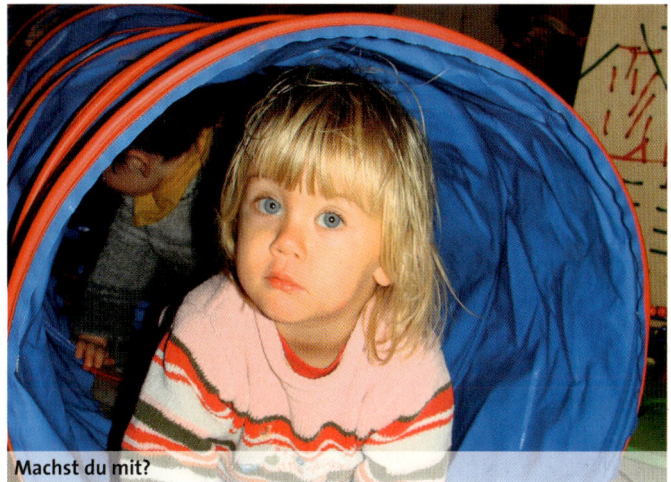

Machst du mit?

da setzen wir an. Neben den Klassikern wie dem Deutschen Museum haben wir vieles zusammengetragen, was im urbanen Großstadtdschungel hilfreich sein kann. Wussten Sie, dass es ein Café gibt, das eine schalldichte Lounge mit Kinderbetreuung hat?

Durch exzessive Recherche, Umfragen bei Eltern und unermüdliche Neugier ist es dem LosDos Verlag gelungen, Freizeitmöglichkeiten für Kinder zu entdecken, die sonst nur über Mundpropaganda oder Flüsterpost von Eltern zu Eltern wandern oder nur Stadtviertel-intern bekannt sind. Für einen so vollständigen Guide wurde es höchste Zeit!

Zusätzliche Infos und Features wie u.a. Parkmöglichkeiten, Haltestellen öffentlicher Verkehrsmittel, Geldbeutelbelastung, vorhandene Gastronomie und Kinderwagentauglichkeit machen dieses Buch zu einem lückenlosen Rundum-Freizeit-Guide!

Und bevor wir uns nun endgültig über den Klee loben: Falls sich doch Fehler eingeschlichen haben, Sie einen Tipp vermissen, sich etwas geändert haben sollte, melden Sie sich und geben Sie uns bitte Bescheid, damit wir das umgehend korrigieren können: vorschlag@losdos-verlag.de
Vielen Dank!

Und nun viel Spaß mit Ihren Kids in München!

Weitere Freizeit-Guides werden folgen: Stuttgart, Berlin, Hamburg, Köln, Düsseldorf ...

Hier eine kleine Erklärung, wie der Guide funktioniert:

Die Freizeittipps sind durch Piktogramme übersichtlich gestaltet. Mit einem Blick erkennt man:

Unternehmungen, die bei gutem Wetter geeignet sind

Unternehmungen, die für schlechtes Wetter geeignet sind

Mama, Papa, Großeltern können hier auch mal entspannen

Parkmöglichkeiten sind vorhanden

Keine Parkmöglichkeit

Kostenloses Angebot für Kinder

Günstiges Angebot

Kein Schnäppchen, aber noch okay für den Geldbeutel

Hier muss man etwas tiefer in die Tasche greifen

Hier gibt es die Möglichkeit, Geburtstag zu feiern

Der besondere Tipp

Bitte beachten Sie, dass diese Hinweise die individuelle Einschätzung der Redaktion sind.

Zum Inhalt

Der Ratgeber ist in vier Teile aufgebaut:

„**Ganzjährig**" beinhaltet Tipps, die, wie der Name schon sagt, das ganze Jahr über angesteuert werden können.

„**Frühlings-/Sommer-Special**" für Unternehmungen, die nur in diesem Zeitrahmen stattfinden.

„**Herbst-/Winter-Special**" für Unternehmungen, die nur in diesem Zeitrahmen stattfinden.

„**Service**" nennt einige Adressen, bei denen wir uns dachten, dass sie ganz hilfreich sein könnten, wenn man mal in der Klemme steckt und Hilfe oder Unterstützung braucht.

Die Piraten sind los!

Anmerkung:

Wir haben alle Tipps so sorgfältig wie möglich zusammengetragen und alle Angaben, die wir recherchieren konnten, eingefügt. Wenn mal eine Altersangabe oder eine Preisangabe fehlt, liegt es daran, dass darüber keine Informationen zu bekommen waren. Alle Tipps sind unterschiedlicher Natur, und Geschmäcker sind nun mal verschieden. Was dem einen gefällt, kann für den anderen total öde sein – deshalb möchten wir betonen, dass wir hier keine Qualitätsauswahl getroffen oder nach eigenem Gusto entschieden haben, welcher Tipp ins Buch kommt. Unser ausschließliches Anliegen war, ohne Vorbehalte oder Vorurteile alle Freizeitmöglichkeiten für Kinder in einem Buch zu sammeln und damit München so bunt und facettenreich zu zeigen, wie es ist.

Viel Freude mit dem Guide,

Ihr LosDos Verlag

Ganzjährig

Abenteuerspielplätze

Für Kinder zwischen 6 und 13

ABIX *(Hasenbergl)*
Öffnungszeiten: im Winter Di.–Sa. 13:00–18:00 Uhr, im Sommer Di.–Sa. 13:00–19:00 Uhr.

Weitlstr. 125, Tel. 089/3 14 11 45 | Anfahrt: U2, Haltestelle: Feldmoching | www. das-abix.de

ASP Neuhausen *(Neuhausen)*
Öffnungszeiten: wochentags immer nachmittags. In der Schulzeit ist der Donnerstag reserviert für Schulklassen, die genauen Öffnungstermine findet man direkt auf der Homepage.

Hanebergstr. 14, Tel. 089/15 53 33 | Anfahrt: U1, Haltestelle: Gern, Tram 20, 21 | www.asp-neuhausen.de

Haus am Schuttberg e. V. *(Schwabing)*
Öffnungszeiten: Di.–Fr. 13:30–18:30 Uhr.

Belgradstr. 169, Tel. 089/30 0 78 88 | | Anfahrt: U2, U3, Tram 12, 23, Bus 140, 141, 144, Haltestelle: Scheidplatz | www.hausamschuttberg.de

Abenteuerspielplatz Neuhausen

Haus am Schuttberg

Maulwurfshausen *(Neuperlach)*
Öffnungszeiten: Mo.–Fr. 13:00–18:00 Uhr.

Albert-Schweitzer-Str. 24, Tel. 089/6 70 11 31 | Anfahrt: U5, Bus 139, 192, 197, 199, Haltestelle: Quiddestr. | www.maulwurfshausen.de

Utopia *(Ramersdorf)*
Öffnungszeiten: Di.–Fr. 14:00–18:00 Uhr, in den Ferien 13:00–18:00 Uhr.

Ollobrunnerstr. 10, Tel. 089/6 80 65 17 | Anfahrt: U2, Haltestelle: Karl-Preis-Platz, Bus 55, Haltestelle: Diakon-Kerolt-Weg | www.utopia-muenchen.de

Alter Peter *(Stadtmitte)*

Für Kinder ab 4
Der alte Peter ist die älteste Pfarrkirche Münchens. Der Blick vom Turm ist umwerfend – erst recht nach der Bewältigung der 306 Stufen! Bei Föhn ist ein Blick auf die Alpenkette möglich. Öffnungszeiten: Sommer Mo.–Fr. 9:00–18:30 Uhr, Sa., So., Fei. 10:00–18:30 Uhr (Schließung um 19:00 Uhr); Winter Mo.–Fr. 9:00–17:30 Uhr, Sa., So., Fei. 10:00–17:30 Uhr (Schließung 18:00 Uhr).

Rindermarkt 1, Tel. 089/2 60 48 28 | Anfahrt: S1, S2, S3, S4, S6, S7, S8, U3, U6, Bus 52, Tram 19, Haltestelle: Marienplatz

Ausgehen

Brenner Grill *(Innenstadt)*

Für Kinder ab 0

Man mag es kaum glauben, doch hier geht es wirklich familienfreundlich zu! Und zwar gibt es hier an Sonn- und Feiertagen Brunch mit einem extra Kinderbrunch-Angebot. Und wenn man gut sucht, findet man einen größeren abgetrennten Spielbereich für kleine Kinder. Drei Betreuerinnen achten sorgsam auf die Kleinen. Und die Spielangebote sind genauso hervorragend wie das Essen! Öffnungszeiten: Mo.–Do. 8:30–1:00 Uhr, Fr. + Sa. 8:30–2:00 Uhr, So. 9:30–1:00 Uhr, Kinderbetreuung So. + Fei. 9:30–15:00 Uhr.

Maximilianstr. 15, Tel. 089/4 52 28 80 | Anfahrt: S1, S2, S3, S4, S6, S7, S8, U3, U6, Bus 52, Tram 19, Haltestelle: Marienplatz | www.brennergrill.de

Café Ludwig *(Schwabing)*

Für Kinder ab 0

Das Café liegt mitten im neu angelegten Petuelpark, direkt neben einem kleinen Spielplatz. Bei Nässe und Kälte werden innen den Kleinen zur Unterhaltung auf Nachfrage Malstifte und Papier angeboten. Hochstühle und eine Wickelgelegenheit sind vorhanden. Öffnungszeiten: Mo.–So. 10:00–1:00 Uhr, Frühstück 10:00–15:00 Uhr.

Klopstockstr. 10, Tel. 089/32 21 17 66 | Anfahrt: U2, Haltestelle: Milbertshofen | www.cafe-ludwig.net

Café Netzwerk *(Isarvorstadt)*

Für Kinder zwischen 0 und 7

Hier herrscht reges Treiben. Und wie der Name schon sagt, ist dieses Café eine Top-Adresse, um sich auszutauschen, Kontakte zu knüpfen und selbstverständlich lecker zu schmausen – ob Frühstück, Mittagessen oder einen feinen Kuchen. Die Kinder erwartet eine Spielecke, und für Babys stehen Kinderliegen bereit. Im Café arbeiten Mütter, die aufgrund ihrer Mutterschaft von AG II leben müssen, und mit einem Besuch unterstützt man diese Frauen bei der Wiedereingliederung in den Arbeitsmarkt. Das Café finden Sie in der Beratungsstelle für natürliche Geburt und Elternsein e.V. Öffnungszeiten: Mo.–Do. 10:00–14:30 Uhr.

Häberlstr. 17, Tel. 089/54 45 60 48 | Anfahrt: U3, U6, Bus 58, Haltestelle: Goe-theplatz | www.natuerliche-geburt.de

Café Solo *(Haidhausen)*

Inhaberin Kristin Bäck, selbst Mutter von drei Kindern, verwöhnt die Gäste, ob groß, ob klein, vom Feinsten. Hausgemachte Kuchen, Quiches und Gratins verwöhnen den Gaumen. Es gibt auch extra Kindergerichte und kostenlosen Kinder-Cappuccino aus aufgeschäumter Milch. Drinnen ist es klein und gemütlich, das hintere Zimmer ist für die Kinder ausgestattet und kann auch für Geburtstagsfeiern genutzt werden. Öffnungszeiten: Mo.–Fr. 8:00–18:00 Uhr, Sa. 8:00–16:00 Uhr, So. + Fei. geschlossen.

Preysingstr. 42, Tel. 01 77/9 64 76 36 | Anfahrt: Tram 15, 19, 25, Haltestelle: Wörthstr. | www.cafesolobar.de

Caffe Tirreno *(Moosach)*

Hier wird einiges geboten: eine super Spielecke, im Sommer eine schöne Terrasse, Kindergerichte, Wickelplatz, Kinderstühle und eine Menge gute Laune für die kleinen Gäste! Leckere Frühstückskarte, täglich wechselnde Mittagsmenüs, kleine Extras für die Kinder oder auch für die Großen immer möglich. Sehr feine selbst gebackene Kuchen und im Sommer Eiskarte und Shakes. Montags ist Pizzatag, und Mittwoch ist Pastatag! Jam! Öffnungszeiten: Mo.–Do. 8:00–22:00 Uhr, Fr. + Sa. 8:00–24:00 Uhr, So. 8:00–22:00 Uhr.

Bunzlauerstr 15, Tel. 089/14 30 35 30 | Anfahrt: S1, U3, Bus 51, 162, 163, 169, 176, 710, Tram 20, Haltestelle: Moosach

Dschungelpalast *(Sendling)*

Für Kinder zwischen 3 und 12
Early Sunday Morning Brunch
Als erste Location in München bot der Dschungelpalast 1993 einen Sonntagsbrunch für die ganze Familie an. Stressfrei ist es, und es gibt ein Kulturprogramm! Das Brunch-Buffet kostet für Erwachsene 11,90 € und für Kinder zwischen 3 und 13 Jahren 3,60 – 5,90 €. Filterkaffee, Tee und Wasser sind im Preis inbegriffen und können jederzeit aufgefüllt werden. Ab 10:00 Uhr gibt es ein Bastelprogramm für Kinder ab 3 Jahren in der Bastelwerkstatt. Hier wird gemalt und geklebt, was die kleinen Finger hergeben. Die sonntägli-

Der Biergarten der Fasanerie

chen Themen und Motive sind an die jeweilige Jahreszeit angelehnt. Die Bastelkosten betragen etwa 2 €. Um 11:30 Uhr startet das kostenlose Kinderkino, um 12:30 Uhr das Werkstattprogramm für Kinder ab 4. Die Kosten dafür liegen zwischen 2 und 5 €. Und natürlich fehlt auch Live-Musik nicht! Solisten, Duos und Trios spielen von Wiener Kaffeehausmusik über Ragtime, Jazz, Blues, Folk bis hin zu Rock und Pop alles, was die Instrumente hergeben! Also das perfekte Rundum-Programm für einen gemeinsamen Sonntag! Öffnungszeiten: So. ab 10 Uhr.

Hansastr. 39, Tel. 089/76 93 60 | Anfahrt: Bus 131, 132, Haltestelle: Hansapark, U4, U5, S7, S20, Bus 133, Haltestelle: Heimeranplatz, Bus 134, Haltestelle: Baumgartnerstr. | www.dschungelpalast.de

Eismeer *(Glockenbachviertel)*

Für Kinder ab 2
Robert Maier-Kares hat aus einem ehemaligen Schmuckgeschäft ein einzigartiges Eiscafé gezaubert. Hier gibt es jeden Tag selbst gemachtes Eis, hausgemachte Kuchen, belgische Waffeln, Snacks und Sandwiches! Sogar veganes Eis ist hier zu haben. Öffnungszeiten: tägl. 12:00–22:00 Uhr.

Pestalozzistr. 21, Tel. 089/89 06 49 87 | Anfahrt: U1, U2, U3, U6, Tram 16, 18, 27, Bus 152, Haltestelle: Sendlinger Tor | www.daseismeer.de

Fasanerie *(Moosach)*

Für Kinder ab 0

Ob im Biergarten oder bei kühlerem Wetter im Restaurant: In der neuen Fasanerie sind Kinder wirklich willkommen. Eine extra Kinderkarte sorgt für ein umfangreiches Schlemmer-Angebot. Draußen gibt es einen großzügigen Spielplatz, und für den gemütlichen Sonntagsbrunch an ausgewählten Terminen sorgen im Restaurant Betreuerinnen, die die Kinder liebevoll beschäftigen. Öffnungszeiten: So. ab 11:00 Uhr.

Hartmannshofer Str. 20, Tel. 089/1 49 56 07 | Anfahrt: Tram 17, Bus 143, 162, Haltestelle: Amalienburgstr. | www.neue-fasanerie.de

Hard Rock Cafe *(Innenstadt)*

Für Kinder ab 4

Auch das Hard Rock Cafe stellt sich auf Kinder ein! Hier gibt es jeden Sonntag ein Rock'n'Roll Breakfast für Kinder. Von 9:30 bis 11:30 Uhr wird das Nebenzimmer zum „Kidsplayground" mit buntem Spielzeug, Luftballons und Kinderbetreuung. Kinderschminken und Spiel & Spaß sorgen für glückliche Kinderherzen, während die Eltern in Ruhe das amerikanische Frühstücksbuffet genießen. Auch über das Jahr verteilt werden Specials, wie eine Kin-

Hard Rock Cafe

der-Halloween-Party oder ein Frühstück mit Santa Claus, angeboten. Doch immer heißt es: Reservierungen erbeten.

Platzl 1, Tel. 089/2 42 94 90 | Anfahrt: S1, S2, S3, S4, S6, S7, S8, U3, U6, Tram 19, Bus 52, Haltestelle: Marienplatz | www.hardrock.com

Hofbräukeller *(Haidhausen)*

Für Kinder ab 0

Bayerische Schmankerl genießen, und Kinder dürfen toben! Seit Februar 2001 wird in einem abgetrennten Teil des Restaurants ein über 100 qm großes „Kinderland" täglich mit Kinderbetreuung von Montag bis Freitag 12:00 Uhr bis 20:00 Uhr und Samstag, Sonntag von 10:00 Uhr bis 20:00 Uhr zur Verfügung gestellt. Wenn das nicht wirklich großartig klingt! Im Sommer sitzt man im großen Biergarten, ansonsten im Restaurant.

Der Hofbräukeller bietet außerdem viele Kinder- und Familienaktionen an, informieren Sie sich direkt über die Homepage. Das öffentliche Parkhaus nebenan kostet für Gäste nur 1 € pro Stunde. Öffnungszeiten: Mo.–So. 10:00–24:00 Uhr.

Innere Wiener Str. 19, Tel. 089/4 59 92 50 | Anfahrt: U4, U5, Tram 19, 15, 25, Haltestelle: Max-Weber-Platz, Tram 18, Haltestelle: Wiener Platz | www. hofbraeukeller.de

Kaiser Otto *(Isarvorstadt – Ludwigsvorstadt)*

Geheimtipp: Die separate Kinderlounge im Kaiser Otto ist mit schalldichten Mauern versehen, und nervenstarke Betreuerinnen kümmern sich um die Kinder und spielen mit ihnen. Die Betreuung kostet 5 € die Stunde. Dafür wird aber auch einiges geboten: ein gemütlicher Raum mit vielen kindgerechten Spiel- und Spaßangeboten. Für die Kleinsten gibt es einen Kinderwagenport und eine Krabbelecke, für die Größeren Kinderbibliothek und Tischkicker.

Es finden Aktionen wie Kindertheater statt oder gemeinsames Backen! Pfannkuchen, KaiserOttoSchmarrn, ein Obst-Wunderteller und andere Leckereien werden fürs leibliche Wohlbefinden angeboten. Nebenbei: Wenn Sie einen Termin haben oder shoppen gehen wollen: Hier wird sich auch um ihr Kind gekümmert, wenn Sie das Kaiser Otto nicht besuchen.

Betreute Öffnungszeiten: Mo.–Fr. 15:00–18:00 Uhr, vormittags (10:00–13:00 Uhr) auf Vorbestellung und mit mind. 2 Kindern Sa + So von 10:00–18:00 Uhr.

Kaiser Otto

Extras: Außerhalb der betreuten Öffnungszeiten ist die Nutzung des Kinderzimmers unter Aufsicht der Eltern kostenlos möglich. Die Auszeit-Preise liegen bei: 2,50 € (Geschwister 1,50 €) je 1/2 Std. beim Besuch des Cafés, 3,50 € (Geschwister 2,50 €) beim Shoppen; 10 Std. Auszeit 45 € (Café) bzw. 63 € (Shoppen) – 1 Std. also gratis.

Westermühlstr. 8, Tel. 089/2 10 16 97 | Anfahrt: U 1, U2, Haltestelle: Fraunhoferstr., U3, U6, Haltestelle: Sendlinger Tor, Tram 17, 18, 27, Haltestelle: Müllerstr. www.kaiserotto.de

Die Kinderlounge im Kaiser Otto

Kindercafé International *(Pasing)*

Für Kinder ab 6

Ein Treffpunkt für Kinder zum Quatschen, Kuchenessen, Trinken, Backen, Sel-
berkochen, Lesen, Spielen und auch für kleinere Veranstaltungen. Freundliche
Bedienung, kindergerechte Preise! Öffnungszeiten: Mi.–Sa. 14:30–18:00 Uhr.

*August-Exter-Str. 1, Tel. 089/8 29 29 00 | Anfahrt: S3, S4, S6, S8, S20, Bus 56, 57,
157, 160, 161, 162, 265, 732, Haltestelle: Pasing | www.kulturundspielraum.de*

Landgasthof Deutsche Eiche *(Lochhausen)*

Für Kinder ab 0

Über 100 Jahre alt und einer der schönsten Biergärten, romantisch und toll
für Familien geeignet, da sich für die Kleinen ein großer Spielplatz und eine
Hüpfburg im Außenbereich befinden. Aber auch wenn es frischer wird, ist
die Deutsche Eiche ideal für ein Familienessen. Denn im Untergeschoss gibt
es ein riesiges Spielzimmer mit Kletterwand, Fußballkicker, Puppenecke,
Bällebad und vielen anderen Spielmöglichkeiten. Selbstverständlich sind
auch Malbücher, Stifte und Spiele vorhanden. Hochstühle für die Minis stehen ebenso bereit!

Das Essen ist bayrisch deftig und köstlich und die Speisekarte mehr als um-
fangreich, da fällt die Entscheidung wirklich schwer. Besonders zu empfehlen sind die Schmalztöpfchen, die man dort auch für zu Hause erstehen
kann, lecker! Öffnungszeiten: tägl. 7:00–24:00 Uhr.

*Ranertstr. 1, Tel. 089/8 64 90 00 | Anfahrt: S3, Haltestelle: Lochhausen | www.
deutsche-eiche-mendel.de*

Lenz *(Theresienhöhe)*

Für Kinder ab 3

Aufgepasst: Jeden ersten Sonntag im Monat kommt der Kasperl mit seinem
Theater vorbei und unterhält zwischen 10:00 und 12:00 Uhr die kleinen
Gäste mit lustigen Geschichten, während die Eltern entspannt etwas essen
und trinken. Öffnungszeiten: tägl. 10:00–1:00 Uhr.

*Pettenkoferstr. 48, Tel. 089/55 23 97 71| Anfahrt: U4, U5, Haltestelle: Theresien-
wiese | www.speiselokal-lenz.de*

Mangostin *(Thalkirchen)*

Für Kinder ab 4

Geheimtipp: Sonntags ist hier sonst eher sehr noblen Mangostin Familien-buffet angesagt! Im Restaurantteil „Lemon Grass" gibt es zwischen 17:00 und 20:00 Uhr thailändische Köstlichkeiten: Knuspernudeln, japanisches Kinder-Sushi, Früchte und noch viel mehr! Und wenn der Bauch voll ist, stehen eine Spielecke bzw. die Terrasse und ein Spielplatz zur Verfügung. (26 € Erwachsene, 6–12 Jahre 8,50 €, bis 6 Jahre frei).

Maria-Einsiedel-Str. 2, Tel. 089/7 23 20 31 | Anfahrt: U3, Haltestelle: Thalkirchen | www.mangostin.de

Menterschwaige *(Harlaching)*

Für Kinder ab 0

Draußen im Biergarten ist für die Kinder ist ein riesengroßes Piratenschiff aufgestellt, auf dem nach Leibeslust geklettert werden kann, ein historisches Karussell dreht sich munter im Kreis, und die Rutsche und das Klettergerüst warten darauf, erstürmt zu werden. Wintertipp: Eisstockbahnen im Biergarten. Hier sind Kinder ausdrücklich erwünscht! Und: Alle Kinder, die

Das alte Karussell in der Menterschwaige

Das große Piratenschiff in der Menterschwaige

kleiner sind als 1,50 Meter, bekommen die Wiener Würstel mit Pommes für 1,50 €. Öffnungszeiten: tägl. 11:00–24:00 Uhr.

Menterschwaigstr. 4, Tel. 089/64 07 32 | Anfahrt: Tram 25, Haltestelle: Menterschwaigstr. | www.menterschwaige.de

Moccar Pompidou *(Maxvorstadt)*

Ideal gelegen, denn hier können die Kinder auf der riesigen Grünfläche des Arnulfparks herumtoben, und Sie haben alles im Blick. Ein großer Spielplatz und mehrere kleine Flächen liegen direkt nebenan. Öffnungszeiten: Mo.–Do. 9:00–1:00 Uhr, Fr. 9:00–2:00 Uhr, Sa. 16:00–2:00 Uhr.

Grete-Mosheim-Str. 15, Tel. 089/44 23 89 15 | Anfahrt: U1, Haltestelle: Maillingerstr, S1–S8, Haltestelle: Hackerbrücke, Tram 16, 17, Haltestelle: Deroystr. | www.moccar-pompidou.de

Park Café *(Innenstadt)*

Für Kinder ab 0
Ein umzäunter Spielplatz mit Rutschen und Kletterseilen bietet einen tollen Spaß! Das große Angebot an Leckereien in extra Kinderportionsgröße macht jeden Knirps satt. Absolut kinderlieb! Öffnungszeiten: Mo.–Fr. 11:00–1:00 Uhr, Sa. + So. 10:00–1:00 Uhr.

Sophienstr. 7, Tel. 089/51 61 79 80 | Anfahrt: S1–S8, U4, U5, Tram 16, 18, 19, 20, 21, 2, Haltestelle: Karlsplatz/Stachus | www.parkcafe089.de

Preysinggarten *(Haidhausen)*

Für Kinder ab o

Bei schönem Wetter sitzt man hier auf einer traumhaften Gartenterrasse unter lichten Bäumen, die auch ein paar Sonnenstrahlen durchlassen, ruhig, an einer kaum befahrenen Straße. Der angrenzende Spielplatz lässt Eltern einen guten Blick auf die Kinder, während man sein Getränk genießt! Der Preysinggarten ist aber auch bei Kälte und schlechtem Wetter sehr gut auf Kinder eingestellt. Im schönen Jugendstilambiente finden sich dann viele Spielsachen und Bücher und vor allem sehr viele andere Kinder, mit denen die Kleinen ihre Zeit verbringen können. Hier fühlt man sich wirklich wie zu Hause, fast wie im eigenen Wohnzimmer! Öffnungszeiten: tägl. 11:30–14:30 Uhr und 18:00–1:00 Uhr.

Preysingstr. 69, Tel. 089/6 88 67 22 | Anfahrt: U4, U5, Tram 15, 18, 19, 25, Bus 190, 191, Haltestelle: Max-Weber-Platz

Ringelnatz *(Schwabing)*

Für Kinder ab o

Das Ringelnatz in Alt-Schwabing ist eine leckere und preiswerte Möglichkeit, gemütlich mit seinen lärmenden Kleinen zu schmausen. An Sonn- und Feiertagen gibt es Familienbrunch, ansonsten gute, wechselnde Tagesgerichte. Das Ringelnatz birgt auch ein Kinderzimmer zum Spielen und Toben! Es gibt eine Schiefertafel und andere Spielsachen, mit denen sich die Kleinen beschäftigen können. Sehr rustikal und gemütlich, man fühlt sich hier schnell wohl. Kinderwagen haben am Eingang Platz. Öffnungszeiten: Mo.–Do. 9:00–24:00 Uhr, Fr. + Sa. 9:00–1:00 Uhr, So. 9:00–18:00 Uhr.

Haimhauserstr. 8, Tel. 089/33 06 63 79 | Anfahrt: U3, U6, Bus 53, 54, 123, 140, 141, Haltestelle: Münchner Freiheit | www.ringelnatz.com

Riva Tal *(Innenstadt)*

Für Kinder ab 4

Die wohl beste Steinofenpizza in ganz München! Leider ist es immer recht voll, und spontan einen Sitzplatz zu ergattern, ist wirklich schwierig. Aber spannend für Kinder wird's, wenn sie sonntags ihre Pizza selbst backen und als echte Pizzabäcker vor dem Steinofen stehen dürfen, um zu lernen, wie man wirklich verdammt gute Pizza herstellt. Bitte unbedingt vorab anmelden. Öffnungszeiten: Mo.–Sa. 8:00–1:00 Uhr, So. 12:00–1:00 Uhr.

Tal 44, Tel. 089/22 02 40 | Anfahrt: S1–S8, Tram 18, Bus 132, Haltestelle: Isartor
www.rivabar.com

Waldwirtschaft *(Großhesselohe)*

Für Kinder ab 0

Bayerische Traditionsküche mit gewisser Eleganz! Im Sommer wandelt sich die WaWi in einen Jazzbiergarten, und die Kinder-Entertainmentabteilung findet man im hinteren WaWi-Bereich. Da stehen Schiffschaukeln, fährt eine Mini-Eisenbahn, und ein kleiner Sandkasten ist auch vorhanden – und das Tollste: Es gibt einen Minigolfplatz. Kostet leider. Öffnungszeiten: tägl. 11:00–23:00 Uhr, Ausschank bis 22:30 Uhr.

Georg-Kalb-Str. 3, Tel. 089/74 99 40 30 | Anfahrt: S7, Haltestelle: Großhesse-
lohe | www.waldwirtschaft.de

Zum Aumeister *(Freimann)*

Für Kinder ab 0

Am Nordende des Englischen Gartens liegt der Aumeister: im Sommer Biergarten, bei kühlen Temperaturen uriges Restaurant. Ein besonderes Angebot für Kinder gibt es Sommer wie Winter: Es werden Kochkurse offeriert, bei schönem Wetter heißt es sonntags „Abrakadabra", denn Kindermagier Pepino verzaubert seine kleinen Zuschauer, und für ABC-Schützen gibt es zum Schulanfang ein besonderes Geschenk. Die genauen Aktionen und Termine finden Sie auf der Homepage. Klar gibt es auch Tobemöglichkeiten: Vogelnesterschaukel, Klettergerüst, Bagger, Kleinkindhaus und Nostalgiekarussell. Für jedes Wetter geeignet. Öffnungszeiten: Mo.–Fr. ab 10:00 Uhr, Sa. + So. ab 9:30 Uhr.

Sondermeierstr. 1, Tel. 089/18 93 14 20 | Anfahrt: U6, Haltestelle: Studenten-
stadt | www.aumeister.de

Beach 38° *(Haidhausen)*

Für Kinder ab 3

Beach 38° ist ein ganzjähriger Indoor-Beach, und man kann das ganze Jahr, jeden Tag, durch warmen Sand laufen! Natürlich ist im Sommer draußen genug Sand, um richtig Spaß zu haben. Hier kann man essen und trinken, Beachvolleyball, Beachfußball und vieles mehr spielen, Sandburgen bauen oder sich selbst einbuddeln. Die 3300 qm Gesamtfläche und 2000 Tonnen feinen weißen Sands sollten ausreichen für alle Beachsportarten. Und Geburtstag feiern kann man hier wirklich ganz toll: Es gibt die „Sunshine-Party at the Beach" (für Kinder von 8–16 Jahren). Bei einer Feier ab 10 Kindern gibt es einige tolle Extras, wie z.B. die Mini-Beach-Olympiade mit Limbo, Coconut Bowling und Beachgolf. Ein Vollyball- oder Soccerturnier kostet 7 € pro Kind. Die Pirate's–Beach-Schatzsuche liegt bei 15 € pro Kind. Erkundigen Sie sich einfach direkt, was alles möglich ist. Öffnungszeiten: Beachsport Mo.–Fr. 16:00–24:00 Uhr, Sa.+So. 10:00–24:00 Uhr; Restaurant & Beachbar Mo.–Fr. 16:00–1:00 Uhr, Sa.+So. 10:00–24:00 Uhr.

Friedenstr. 22 c, Tel. 089/63 89 95 10 | Anfahrt: S1–S8, U5, Haltestelle: Ostbahnhof | www.beach38.de

Beach 38°: Pause im Strandkorb

Botanischer Garten *(Nymphenburg)*

Für Kinder ab 3

Der Botanische Garten in München mit einer Fläche von 220 000 qm gehört zu den bedeutendsten botanischen Gärten der Welt. In den über 4500 qm umfassenden Gewächshäusern kann man sich auf eine botanische Reise in feuchttropische Gebiete, kühltropische Bergwälder oder heiße Wüsten begeben. Über 14 000 Pflanzenarten werden hier gehegt und gepflegt. Ob Schmetterlingshaus, diverse Gewächshäuser mit unglaublichen Pflanzen unter den Glasdächern, Schildkröten und Fröschen, hier gibt es wirklich zu jeder Jahreszeit drinnen und draußen eine Menge zu lernen und entdecken, nicht nur für die Kleinen!

Jeden 2. und 4. Sonntag im Monat gibt es Führungen. Treffpunkt jeweils 10 Uhr vor dem Gewächshauseingang, Dauer: etwa 1 Stunde. Für die im Programm angebotenen Führungen wird keine zusätzliche Gebühr zum Eintrittsgeld erhoben. Freien Eintritt haben Kinder und Jugendliche unter 18. Öffnungszeiten: tägl. (außer 24. und 31. Dezember); im Januar, November, Dezember 9:00–16:00 Uhr, im Februar, März, Oktober 9:00–16:30 Uhr, im April, September 9:00–17:30 Uhr, im Mai, Juni, Juli, August 9:00–18:30 Uhr.

Menzinger Str. 65, Tel. 089/1 78 61-3 16 | Anfahrt: Tram 17, Bus 143, Haltestelle: Botanischer Garten | www.botmuc.de/

Bowlen

Hollywood Super Bowling *(Fürstenried)*

Für Kinder ab 3

Im Hollywood Super Bowling gibt es regelmäßige Familien-Nachmittage und Kugeln für die Kleinen! Das spezielle Family-Bowling-Angebot gilt für Familien mit Kindern bis 16. Die Leihschuhe sind für alle Kinder und drei Erwachsene gratis. Die Preise für das Family Bowling pro Bahn und Stunde: Tägl. bis 14:00 Uhr: 14,90 €, Mo.–Do. bis 19:00 Uhr: 17,90 €, Fr. + So. bis 19:00 Uhr: 18,90 €, Sa. 14:00–18:00 Uhr: 18,90 €, Samstag Cosmic-Bowling (only kids) 18:00–20:00 Uhr: 19,90 €. Öffnungszeiten: So. 9:00–0:00 Uhr, Mo.–Do. 10:00–1:00 Uhr, Fr. + Sa. 10:00–3:00 Uhr.

Forstenrieder Allee 74, Tel. 089/75 39 21 | Anfahrt: U3, Haltestelle: Forstenrieder Allee | www.hollywood-super-bowling.de

Bavaria Bowling *(Neuhausen)*

Für Kinder ab 3

Auch hier ist man gerüstet für die Kleinsten! Hier darf jeder starten, der in Schuhgröße 27 passt und eine 3-kg-Kugel heben kann. Das Geburtstagsangebot kann sich auch sehen lassen und ist doch mal wirklich was anderes: Beim Kindergeburtstag werden die seitlichen Rinnen geschlossen, sodass jeder sich die Trefferquote erhöht. Es gibt eine professionelle Einweisung durch das erfahrene Personal. Außerdem sind die Bahnen vollautomatisch gesteuert, was das für die Kinder schwierige Zählen erübrigt. Am großen Bildschirm kann sich die Geburtstagsschar ständig über den Spielstand informieren.

Aber nicht nur das, auch ein Partytisch wird vorbereitet und dekoriert. Es gibt Luftschlangen, Flips, Chips, Salzgebäck, Fruchtgummis, Mini-Schokoriegel, Servietten – einfach alles, was ein Kinderherz höher schlagen lässt. Leckere Kindergerichte – von Schnitzel über Hamburger bis Pizza –, Torten und dekorierte Kuchen werden angeboten.

Das Kindergeburtstags-Angebot gilt tägl. bis 18:00 Uhr, und es spielen bis max. 8 Kinder auf einer Bahn. Da ein Spiel etwa eine Stunde dauert, sollte man das Bowlingspiel über 2 Stunden buchen. Eine rechtzeitige Reservierung ist erforderlich. Öffnungszeiten: Mo. nur nach Vereinbarung, Di.–Do. 16:00–1:00 Uhr, Fr. 14:00–2:00 Uhr, Sa. 13:00–2:00 Uhr, So. 9:30–23:00 Uhr.

Lazarettstr. 3, Tel. 089/1 21 53 90 | Anfahrt: U1, Haltestelle: Maillingerstr.
www.bavaria-bowling.de

Bustour mit Doppeldecker *(Innenstadt)*

Für Kinder ab 4

Stadtrundfahrten durch München – die Stadt aus einem völlig neuen Blickwinkel erleben. Es werden verschiedene Touren angeboten, da ist für jeden was dabei.

Abfahrtszeiten tägl. ab 10:00 Uhr jede halbe Stunde bis 16:00 Uhr vom Hauptbahnhof München direkt vor dem Elisenhof. Preise: 14,90 € (10,90 € bei Online-Buchung), ab 4 Jahre 8,90 € (6,90 € bei Online-Buchung).

Bemerkung: Buggy zum Zusammenklappen ist okay, andere Kinderwagen nicht.

Elisenstr. 3 a | Anfahrt: S1, S2, S3, S4, S6, S7, S27, U1, U2, U4, U5, Tram 16, 19, 20, 21, Bus 58, Haltestelle: Hauptbahnhof | www.citysightseeing-muenchen.de

Circus Krone *(Maxvorstadt)*

Für Kinder ab 4

„Eure Gunst – Unser Streben", so steht es auf der Homepage geschrieben. Der Wahlspruch des Circusgründers Carl Krone gilt heute noch. Familientradition, Unternehmergeist, Tierliebe und absolute Seriosität sind die Maxime, die sich der Circus bis heute stellt. Das aktuelle Programm finden Sie in den Tageszeitungen oder auf der Homepage. Eintrittspreise liegen zwischen 13 und 35 €, Kinder unter 3 Jahren sind kostenlos, und Kinder bis 12 Jahre bekommen auf allen Plätzen eine Ermäßigung.

Zirkus-Krone-Str. 1–6, Tel. 089/5 45 80 00 | Anfahrt: S1–S8, Tram 16, Haltestelle: Hackerbrücke | www.circus-krone.de

Die KinderKüche GmbH *(Haidhausen)*

Für Kinder ab 3

Hier kochen Kinder, was der Kochlöffel hergibt. Da gibt es Sterneköche und Küchenfeen! Es werden die unterschiedlichsten Gerichte nach Thema und Saison gezaubert. Selbstverständlich alles nur mit guten und feinen Zutaten, Obst und Gemüse.

Es werden die verschiedensten Kurse angeboten: Koch- und Backkurse für Kinder (4 bis 12 Jahre): Di.–Fr. 15:00–18:00 Uhr, Sa.10:00–13:00 Uhr und 14:00–17:00 Uhr: 29 €. Koch-und Backkurse für Kleinkinder (3 bis 4 Jahre): Di.–Fr. 15:00–17:00 Uhr (auf Anfrage): 18 €.

Weitere Kurse wie „Kochen für Kinder mit Allergie" entnehmen Sie bitte der Homepage.

Und Geburtstag darf natürlich auch kräftig gefeiert werden: Es wird gemeinsam das Lieblingsgericht zubereitet, und dann gibt es noch einen buntverzierten Kuchen. Das alles wird mit den Geburtstagsgästen verschmaust. Zum Abschluss bekommt jeder Gast noch ein kleines selbst gemachtes Geschenk aus der Küche. Kostenpunkt: 25 € pro Kind.

Eine besondere Idee ist der Backkurs im Café Luitpold für Kinder ab 8. Dort bekommen die Kinder Einblick in die Geheimnisse eines Konditors und dürfen ihre selbst gemachten Kuchen und Pralinen natürlich mit nach Hause nehmen. Es gibt auch noch weitere Spezial-Kurse, die Sie auf der Homepage finden. Mahlzeit!

Sedanstr. 16, Tel. 089/4 895 41 64 | Anfahrt: S1–S8, Tram 15, 25, Haltestelle: Rosenheimer Platz | www.diekinderkueche.de

Eigenwerk und Unsinn *(Haidhausen)*

Für Kinder ab 3

Haidhauser Kunst- und Fantasiewerkstatt. Hier kann man filzen, malen, drucken, Schmuck basteln, Papiergirlanden kreieren, Italienisch und Spanisch lernen, und es gibt eine Frühförderung! Oder ganz einfach einen Künstlergeburtstag feiern mit einem Thema nach eigener Wahl: Vom Traumfängerbasteln bis zum Marmorieren ist alles drin. Es gibt ein extra Ferienprogramm und auch die Möglichkeit, Gutscheine zu erwerben. Los geht's!

Breisacher Str. 12, Tel. 089/44 42 99 63 | Anfahrt: S1–S8, U5, Tram 19, Bus 9410, 54, 55, 100, 145, 52, 155, 187, 213, Haltestelle: Ostbahnhof
www.eigenwerk-und-unsinn.de/

Eis- und Funsportzentrum Ost *(Ramersdorf)*

Für Kinder ab 5

Eine wirklich toller Park für Skateboarder und Inline-Skater mit allerlei Herausforderungen. Im Winter sind hier dann die Schlittschuhe dran. Eintritt: 2,50/1,80 € (6–18 Jahre). Öffnungszeiten: April–September Mo.–Fr. 9:00–21:30 Uhr, Sa./So./Fei. 11:30–21:30 Uhr; Oktober–März Mo.–Fr. 9:00–21:30 Uhr, Sa./So./Fei. 11:30–21:30 Uhr.

Staudingerstr. 17, Tel. 089/63 01 91 47 | Anfahrt: U5, U8, Haltestelle: Michaelibad, Bus 195, Haltestelle: Ostpark

Eis- und Funsportzentrum West *(Pasing)*

Für Kinder ab 5
Agnes-Bernauer-Str. 241, Tel. 089/89 68 90 07 | Anfahrt: Tram 19, Bus 57, Haltestelle: Westbad

Epoca Kids *(Schwabing)*

Für Kinder ab 7
Führungen für Kinder durchs wilde Münchenstan! Hier erzählen die Gebäu-

Spielend die Stadt erkunden mit Epoca Kids

de und Statuen; Geschichten und Denkmäler raunen über ihr Leben. Epoca streift mit den Kindern durch die Stadt und ergründet mit ihnen die Geheimnisse grausamer Herrscher, berichtet vom Leben lustiger Persönlichkeiten und erkundet die Altstadt. Es gibt viele verschiedene Themenführungen, die man sich online aussuchen kann, von Hexen und Rittern bis König Ludwig und vieles mehr. Auch Geburtstags-Specials, wie eine Rätsel-Ralley, sind möglich.

Römerstr. 7, Tel. 089/21 03 11 86 | Anfahrt: Die verschiedenenen Touren starten an ganz unterschiedlichen Punkten in der Stadt – informieren Sie sich bitte direkt bei Epoca | www.stadtfuehrungen.com

Erlebniskraftwerk Kulti-Kids e.V. *(Haidhausen)*

Für Kinder von 8 Wochen bis 14 Jahren

Das Spieleparadies für die ganze Familie. Im umgebauten Heizkraftwerk der ehemaligen Pfanni-Fabrik geht es rund und bunt und munter zu!

Auf über 800 qm gibt es einen Indoor-Spielplatz mit Rutschen-Parcours, Kletterwand, Trampolin, Kinderschminken, Basteln, Sport, Spiel und Unterhaltung für alle kleinen und großen Besucher. Ein zusätzlicher 400-qm-Outdoor-Abenteuerspielplatz lädt mit spannenden Attraktionen zum Klettern, Spielen, Toben, Rutschen und immer wieder Neues Entdecken ein. Darüber hinaus gibt es ein vielseitiges Betreuungs- und Freizeitangebot. Jeden Freitag von 16:00–18:00 Uhr findet zusätzlich zum offenen Spielbetrieb die Kulti-Kids-Kinderdisco für Tanzmäuse bis 12 Jahre statt. Hier ist wirklich immer etwas los. Geburtstag kann natürlich auch kräftig gefeiert werden! Grundsätzlich gilt: Im Innenbereich müssen die Schuhe ausgezogen werden, und mitgebrachte Getränke sind nicht erlaubt! Preise: Kinder 3 €, Geschwisterkinder 2 €, Eltern 0 €. Öffnungszeiten: Fr. 13:00–18:00 Uhr, Sa. + So. 10:00–18:00 Uhr (Achtung: im August oft geänderte Zeiten + Preise).

Grafinger Str. 6, Tel. 089/62 83 44-50 | Anfahrt: S1, S2, S3, S4, S6, S7, S8, U5, Tram 19, Bus 9410, 54, 55, 100, 145, 152, 155, 187, 213, Haltestelle: Ostbahnhof www.kulti-kids.org/

Erlebniswelt Garten *(Untergiesing)*

Für Kinder ab 4

Hier findet man unterschiedlichste Gärten, die alle Sinne ansprechen: Riechen, Tasten, Sehen. Im Giftgarten lernen die Kinder, um welche Pflanzen sie lieber einen großen Bogen machen sollten. Die alte Baumschule Bischweiler in Untergiesing nahe den Isarauen wurde 1901 als Teil der Isaranlagen an der nicht mehr existenten Bischweilerstraße angelegt. Die Baumschule unterteilt sich in mehrere Themengärten wie einen Rosengarten, einen Baumlehrpfad, Fliedergarten, Giftpflanzengarten, Duftgarten und einen Tastgarten für Blinde, die bei kostenlosen Führungen für jedermann zugänglich sind.

Heute werden dort Ziergehölze für städtische Grünanlagen gezüchtet. Genauere Informationen zu den einzelnen Führungen und dem genauen Treffpunkt erhalten Sie in der Rathausumschau unter dem angegebenen Internetlink jeweils ein paar Tage vor dem jeweiligen Termin.

Der Eintritt und die Führung sind frei, eine Anmeldung ist nicht erforderlich. Die Führungen finden bei jedem Wetter statt, bei Schnee und Eis bleiben die Gärten allerdings aus Sicherheitsgründen geschlossen. Öffnungszeiten: April–September Mo.–Fr. 7:00–21:00 Uhr, Sa., So., Fei. 9:00–21:00 Uhr; Oktober–März Mo.–Fr. 7:00–18:00, Sa., So., Fei. 9:00–18:00 Uhr.

Sachsenstr. 2, Tel. 089/62 17 14 42 | Anfahrt: U2, Bus 52, 58, Haltestelle: Kolumbusplatz | www.muenchen.de/Rathaus/bau/serviceleistungen/gruen/bischweiler/index.html

Fan Tour Allianz Arena *(Freimann)*

Für Kinder ab 6

Eine Führung durch die Allianz Arena heißt, einen Blick hinter die Kulissen des Stadions werfen zu dürfen! Hier kommt man an Orte, an denen sich sonst nur die Promis, Profis und Spieler aufhalten, und hat einen Ausblick aus den oberen Rängen, der atemberaubend ist! Bei Einzel- oder Gruppenführungen lernt man das neue Stadion von einer ganz anderen Seite kennen. Dauer: 75 Minuten, einmal am Tag. Nach einer Filmvorführung wird man durch das gesamte Stadion geführt. Es geht in die Spielerkabinen, die Sponsoren Lounge und den Presse Club.

Veranstaltungsdaten: Allianz Arena Fan Tour tägl., außer an Spiel- und Veranstaltungstagen 10:15, 11:00, 13:00, 15:00, 16:30 Uhr (Winterzeit). Zur Sommerzeit zusätzlich um 17:30 Uhr. Führungen ab 11 Personen, Gruppen müssen vorher angemeldet werden

Als Geburtstagsparty für die kleinen Fußballfans ein echtes Highlight: Dauer: ca. 90 Minuten, Preis: bis zur Gruppenstärke einer Fußballmannschaft (11 Personen) pauschal 165,00 €, jede weitere Person 15,00 € (jeder Teilnehmer zählt). Das Geburtstagskind hat freien Eintritt.

Programm:
- Kurzfilm über die Entstehung der Allianz Arena
- Torwandschießen in der Kick Hall (Gewinnern winken tolle Preise, zusätzlich bekommen alle Kinder eine Urkunde!)
- Oberrang mit Live-Kommentatorenplätzen
- Pressekonferenz im Original-Pressekonferenzraum

Die Allianz Arena ist ein magischer Anziehungspunkt.

- Blick vom Spielfeldrand aus in die Arena
- Besichtigung der Kabine des FC Bayern München oder des TSV 1860 München, je nach Wunsch. Für das Geburtstagskind gibt es noch eine kleine extra Überraschung. Und wenn dann der Magen knurrt: Im stadioneigenen Restaurant gibt es eine spezielle Kinderkarte.

Die Anmeldung erfolgt ausschließlich über das Online-Formular im Internet. Die Bezahlung erfolgt bar vor Ort. Öffnungszeiten: Mo.–Fr. 8:30–17:30 Uhr.

Werner-Heisenberg-Allee 25, Tel. 089/35 09 48-3 50 | Anfahrt: U6, Haltestelle: Fröttmaning | www.allianz-arena.de

Freizeitstätte Hirschgarten
(Nymphenburg/Neuhausen)

Für alle von 6 bis 18

Die Freizeitstätte ist ein offener Treffpunkt und Aktionsort für Kinder und Jugendliche, unabhängig von ethnisch-kultureller, nationaler oder konfessioneller Zugehörigkeit. Es gibt ein Café, viele monatlich wechselnde Aktionen, die man über die Homepage erfahren kann, und unterschiedlichste Ferienprogramme.

Irgendetwas ist hier immer los!

Montag: 15:00–20:00 Uhr für Kinder und Jugendliche bis 18 Jahre

Dienstag: nachmittags mit Programm für Kinder im Neubaugebiet Hirschgarten

Mittwoch: 15:00–20:00 Uhr für Jugendliche bis 15 Jahre
Donnerstag: 15:00–19:00 Uhr nur für Mädchen!
Freitag: 15:00–20:00 Uhr für Kinder und Jugendliche bis 18 Jahre
Samstag + Sonntag: unterschiedlich

Arnulfstr. 251, Tel. 089/17 80 98 81 | Anfahrt: S1–S8, Haltestelle: Hirschgarten,
Tram 16, 17, Bus 152, Haltestelle: Steubenplatz | www.hirschgarten-online.de

Galopprennbahn *(Riem)*

Für Kinder ab 4

Sieg und Platz! Beim Pferderennen ist die Spannung garantiert. Mama und Papa können Wetten abschließen, um den Nervenkitzel zu erhöhen. Außerdem gibt es einen großen Kinderspielplatz, Hüpfburgen, und manchmal kommen auch Luftballonmodellieren und Gesichtsschminken hinzu. Im Kinderzelt wird gemalt oder gebastelt, und als kleine Abwechslung stehen Rodeo-Tiere und Hula-Hoop-Reifen bereit, Ponyreiten und Kinderkino! Preise: Erwachsene 7 €, Kinder bis 16 frei, Renntermine: So. + Fei. 13:30 Uhr.

Graf-Lehndorff-Str. 36, Tel. 089/9 45 52 30 | Anfahrt: S2, Haltestelle: Riem
www.galoppriem.de

Glitzerstein *(Sendling)*

Für Kinder ab 8

Glitzerstein, ein Perlen- und Schmuckladen mit offener Schmuckwerkstatt, bietet viele Kurse an, auch für das männliche Geschlecht. Designkurse, Ringkurse, Armbandflechten und vieles mehr! Eine wirklich schöne Idee ist das Geburtstagsangebot für Kinder zwischen 8 und 14. 6 bis 8 Kinder können hier zusammen mit ihren Freunden in der Kinderwerkstatt ihre eigenen Schmuckkreationen entwerfen. Dauer etwa 1,5 Stunden, Kosten: 25 € pro Kind. Sehr beliebt zur Vorweihnachtszeit (ab Oktober möglich) ist auch bei Groß und Klein (ab 6 Jahren) die Fertigung von glitzernden Weihnachtssternen. Öffnungszeiten: Mo. + Mi. + Fr. 14:00–19:00 Uhr, Sa. 10:30–16:00 Uhr.

Kidlerstr. 21, Tel. 089/20 20 45 25 | Anfahrt: U3, U6, Haltestelle: Implerstr., U6,
S7, S20, S27, Bus 54, 134, Haltestelle: Harras, Bus 53, 132, Haltestelle: Margare-
tenplatz, Bus 152, Haltestelle: Implerstr. | www.glitzerstein.com

Schmuckwerkstatt im Glitzerstein

Glockenbachwerkstatt *(Glockenbachviertel)*

Für Kinder ab 6

Die Glockenbachwerkstatt hat sich der Kultur- und Bildungsarbeit versprochen. Sie ist Stadtteiltreff und Bürgerhaus für Groß und Klein. Kinder können hier töpfern oder verschiedene Kurse in der Metall- und Holzwerkstatt belegen. Ein Tanzkurs für Kinder ab 5 Jahren wird auch angeboten. Alle Kurse nur mit Anmeldung vor Ort. Also auf geht's und nach Herzenslust mit Ton

Kochen in der Glockenbachwerkstatt

gestalten und experimentieren! Aber hier findet auch noch viel mehr statt, von Live-Bands über Flohmärkte bis hin zu einer Pfadfindergruppe kann man hier viel entdecken und neue Leute kennenlernen.

Blumenstr. 7, Tel. 089/26 88 38 | Anfahrt: Tram 17, 18, Haltestelle: Reichenbach-platz | www.glockenbachwerkstatt.de

Golf *(Johanneskrichen)*

Für Kinder ab 4

Klubfrei golfen! Eberle Golf bildet bis zur Platzreife aus. Und wer erst einmal prüfen möchte, ob Golf das Richtige für ihn ist, kann sich dort direkt Bälle und einen Schläger ausleihen und an den Schnuppertagen teilnehmen. Prima ist, dass man diesen Sport gemeinsam mit den Kindern ausüben kann. Die Tagesfee liegt bei: werktags Erwachsene: 12,50 €, Kinder ab 12 Jahre: 9 €, Kinder bis 12 Jahre: 6 €, Sa., So., Fei.: Erwachsene: 16 €, Kinder ab 12 Jahre: 12 €, Kinder bis 12 Jahre: 8 €. Öffnungszeiten: tägl. 8:00 ca. 20:00 Uhr.

Rambaldistr. 30, Tel. 089/9 57 95 50 | Anfahrt: S8, Bus 50, 184, Haltestelle: Johanneskirchen | www.eberle-golf.de

Gymboree Play & Music *(Bogenhausen)*

Für Kinder von 0 bis 5

Seit mittlerweile 30 Jahren gibt es diese Frühförderung im „american style"! Gymboree ist ein professionelles Spiel- und Lernzentrum für Kinder von null bis fünf. Gymboree möchte die rasante geistige und körperliche Entwicklung von kleinen Kindern bestmöglich fördern, um die Kinder damit optimal auf ihr späteres Leben vorbereiten zu können. Alles ist hier sicher, bunt und gepflegt. Das Programm umfasst über 30 Kurse pro Woche in den Bereichen Spielend Lernen, Musik, Kreativ, Vorschule und Sport. Die Kurse „Spielend Lernen 1+2+3" unterstützen die individuelle Entwicklung der Babys mithilfe musischer und aktiver Elemente und trainieren soziale Fähigkeiten wie frühes Miteinander-Spielen. Dabei ist jede Stunde einem Thema gewidmet.

Alle aktiven Mitglieder können an kostenlosen Spielstunden teilnehmen, die regelmäßig stattfinden. Selbstverständlich kann man zunächst bei einer kostenlosen Probestunde mitmachen. Münchens erstes Spiel- und Lernzentrum für Kleinkinder hat selbstverständlich auch ein spezielles Geburtstags-

Angebot. Dies beinhaltet die Nutzung der gesamten Spiellandschaft sowie die Betreuung durch einen Mitarbeiter, die Einladung von 20 Gästen und kostenlos dazu: Gymboree-Einladungskarten und -Geschenketaschen für die kleinen Gäste zum Mitnehmen nach Hause. Der Preis muss angefragt werden.

Richard-Strauss-Str. 80–82, Tel. 089/23 23 29 96 | Anfahrt: U4, Bus 144, 187, 188, Haltestelle: Richard-Strauss-Str. | www.gymboreedach.com/de/

Haus der Eigenarbeit *(Haidhausen)*

Für Kinder ab 6

Im „Hei" kann man alles selber machen: handwerklich, kulturell und sozial. Beliebter Treff für Eltern und Kinder, Kinderwerkstatt zum Basteln und Werken! Es gibt eine offene Werkstatt, in der jeder seine eigenen Projekte verwirklichen kann oder um einfach nur ein Loch in ein Brett zu bohren. Aber es gibt auch Kreativ-Workshops verschiedenster Art. Informieren können Sie sich auf der Homepage. Öffnungszeiten: Di.–Fr. 14:00–22:00 Uhr, Do. 10:00–13:00 Uhr und 14:00–22:00 Uhr, Sa. 10:00–18:00 Uhr.

Wörthstr. 42, Tel. 089/4 48 06 23 | Anfahrt: S1–S8, U5, Tram 19, Bus 54, 55, 100, 145, 152, 155, 187, 213, Haltestelle: Ostbahnhof | www.hei-muenchen.de

Internationale Jugendbibliothek *(Obermenzing)*

Für Kinder ab 4

„Mit Kinderbüchern Brücken bauen zwischen Menschen, Ländern und Kulturen – diese Idee bestimmt seit mehr als einem halben Jahrhundert die Arbeit der Internationalen Jugendbibliothek", so beschreibt sich die Internationale Jugendbibliothek München. Im Bücherschloss gibt es folgende Angebote: Für Kinder zwischen vier und sechs Jahren gibt es den „Büchertreff" und für Leseratten ab sieben Jahren den „Schmökerclub", um sich gemeinsam auf die Suche nach spannendem Lesestoff zu begeben. Öffnungszeiten: Büchertreff jeden 2. + 4. Do. im Monat 16:00 Uhr; Schmökerclub: jeden 2. + 4. Di. im Monat 16:00 Uhr. Und das alles kostenlos.

Schloss Blutenburg, Tel. 089/8 91 21 10 | Anfahrt: Bus 56, Bus 160, Haltestelle: Blutenburg | www.ijb.de

Jugendtreffpunkt Harthof *(Harthof)*

Für Kinder ab 12

Hier gibt es Kreativ-Workshops, wie etwa Foto-Projekte, ein von den Teen-agern und Jugendlichen selbst erarbeitetes und hergestelltes Magazin und neben vielen weiteren Angeboten in einem offenen Treff: Berufsberatung und schulische Lernhilfen, Sportaktivitäten und verschiedene Kurse. Außerdem finden Projekte mit politischen Inhalten und zum Thema Gesundheit statt. Es werden auch Ausflüge und Übernachtungen durchgeführt. Der JTP Harthof ist eine städtische offene Jugendeinrichtung in Trägerschaft des Kreisjugendrings München-Stadt.

Wegener Str. 7, Tel. 089/3 11 25 44 | Anfahrt: U2, Haltestelle: Harthof | www. harthofpower.de/

Keramikunst & Pinselstrich *(Haidhausen)*

Für Kinder ab 6

Hier kann man zu einem All-inclusive-Preis so lange und mit so vielen Farben, wie man möchte, ein individuelles Geschenk oder auch einfach eine eigene Keramik bemalen. Und das alles ohne jegliche Vorkenntnisse, einfach der Kreativität freien Lauf lassen. Die Mitarbeiter stehen hilfreich zur Seite.

Zu welchem Anlass auch immer: zum Geburtstag, zu Weihnachten, zu Ostern. Alleine, mit Freunden, oder den Enkeln. Als Klassenausflug oder Geburtstagsparty! Ein gemeinsamer Malkurs als Party bleibt bestimmt lange in Erinnerung. Nach dem Geschenkeauspacken und dem Kuchenessen können die Kinder nach Herzenslust gestalten und malen. Nach einer kurzen Einführung wird direkt gestartet! Etwa 13 € pro Bastelnase. Öffnungszeiten: Mo. 14:00–19:00 Uhr, Mi. 14:00–20:00 Uhr, Do.–Sa. 11:00–20:00 Uhr, So. 11:00–16:00 Uhr.

Sedanstr. 18, Tel. 089/61 46 89 90 | Anfahrt: S1–S8, U5, Bus 54, 55, 100, 145, 152, 155, 187, 213, Tram 19, Haltestelle: Ostbahnhof | www.keramikunst-pinselstrich. de

Kinder- und Jugendkulturwerkstatt
Pasinger Fabrik *(Pasing)*

Für Kinder ab 6

In der Pasinger Fabrik finden das ganze Jahr über abwechslungsreiche Projekte und Aktionen für Kinder statt. Da der Kalender wirklich so vielseitig ist, bietet es sich an, direkt über die Homepage im Internet zu schauen, was gerade los ist.

Immer wieder sonntags bietet die Pasinger Fabrik Kindern in der Kinder- und Jugendkulturwerkstatt die Möglichkeit, ihre Geburtstagsfete zu schmeißen. Hier ist genügend Platz, Herzlichkeit und Wärme, um ein unbeschwertes Geburtstagsfest zu feiern!

Das Angebot in der Pasinger Fabrik umfasst: eine Betreuungsperson während des Festes, die Vorbereitung, Raumnutzung, Getränke und das Material zum Basteln und Werkeln! Kostenpunkt: 90 €. Nähere Auskünfte und Information unter Tel. 089/8 88 88 06. Eine frühzeitige Anmeldung für den Kindergeburtstag in der Pasinger Fabrik ist sinnvoll. Öffnungszeiten: Mi.–Fr. 10:00–13:00 Uhr, Mi.–Sa. 14:00-18:00 Uhr.

August-Exter-Str. 1, Tel. 089/8 88 88 06 | Anfahrt: S3, S4, S6, S8, S20, Bus 56, 57, 157, 160, 161, 162, 265, 732, Haltestelle: Pasing | www.kulturundspielraum.de

Kinder- und Jugendbibliothek *(Haidhausen)*

Für Kinder ab 5

Die Zentralbibliothek am Gasteig hält für Kinder- und Jugendliche 60 000 Bücher, Comics, Zeitschriften, Videos, DVDs, Dia-Serien, CDs, Kassetten, CD-ROMs und Brettspiele bereit. Durch das umfangreiche, aktuelle Medienangebot fördert die Kinder- und Jugendbibliothek das kritische Medienverhalten von Kindern und Jugendlichen. Hier finden auch abwechselnde Veranstaltungen statt, die man online nachlesen kann. Öffnungszeiten: Mo. 10:00–20:00 Uhr, Di.– Fr. 10:00–19:00 Uhr.

Rosenheimer Str. 5, Tel. 089/4 80 33 13 | Anfahrt: S1–S8, Tram 15, 25, Haltestelle: Rosenheimer Platz | www.muenchner-stadtbibliothek.de

Kinderforum van de Loo *(Maxvorstadt)*

Für Kinder ab 4

In dieser Privatinitiative basteln, werkeln und malen professionelle Künstler verschiedenster Sparten mit Kindern im Alter zwischen 4 und 20 Jahren zusammen. Seit nun 37 Jahren existiert diese wirklich einmalige Institution. Kinder und Jugendliche können hier Möbel fürs eigene Zimmer bauen oder Wasserräder, Kugelbahnen, Marionetten, Schiffe – alles ist möglich. Oder man kann riesige Leinwände bemalen und mit Ton matschen.

Der Galerist Otto van de Loo gründete das Kinderforum mit Eltern, Künstlern und Künstlerinnen 1970 mit dem Ziel, den schöpferischen Geist der Kinder und Jugendlichen zu wecken und gegen einseitiges Training des Intellekts anzugehen. Das Forum will einen Freiraum schaffen gegen die engen Anforderungen einer ehrgeizigen Leistungsgesellschaft und die Eintönigkeit städtischer Lebensrealität. Der Verein hat mittlerweile auch einige Bücher veröffentlicht!

Schellingstr. 69, Tel. 089/22 64 78 | Anfahrt: Tram 27, Haltestelle: Schellingstr.
www.kinderforumvandeloo.de

Kinderhaus Wolkerweg *(Großhadern)*

Für Kinder von 6 bis 12

Das Kinderhaus ist ein offener Treff, um zu spielen, malen, basteln und sich auszutoben. Zusätzlich werden hier noch verschiedene wechselnde Kurse und Aktionen angeboten, die man online nachlesen kann.

Wolkerweg 15 a, Tel. 089/70 00 95 98 | Anfahrt: U6, Haltestelle: Haderner
Stern | www.kinderhauswolkerweg.de

Kindermalstudio *(Solln)*

Für Kinder ab 4

Buchauerstr. 12, Tel. 089/79 63 76 | Anfahrt: S7, S20, S27, Bus 134, 135, 136, 270,
Haltestelle: Solln

Kinderwerkstatt Neuhausen *(Neuhausen)*

Für Kinder von 3 bis 15

Hier steht das freie Gestalten mit verschiedenen Materialien im Vordergrund. Es gibt kleine Gruppen, die altersgemischt sind, entscheidend ist, dass die Kinder ihrem aktuellen Entwicklungsstand gemäß arbeiten. Es wird nach der Montessori-Pädagogik und deren Motto „Hilf mir, es selbst zu tun" gearbeitet, somit ist auch die Integration von Kindern mit Behinderung selbstverständlich.

Preise: Einmalige Anmeldegebühr 25 €, Monatsbeitrag 45 €. Die Preise enthalten alle Materialien sowie die Kosten für Glasuren, Engoben und Tonbrand.

Richelstr. 28/Rückgebäude, Tel. 089/16 21 51 | Anfahrt: Tram 16, 17, Haltestelle: Burgheusener Str. | www.kinderwerkstatt-neuhausen.de

Kinderzirkus „Trau Dich" *(diverse Stadtteile)*

Für Kinder von 5 bis 15

Manege frei: Hier können sich kleine Artisten zu echten Profis mausern! Der Zirkus „Trau Dich" bietet regelmäßige Übungsstunden für die unterschiedlichsten Disziplinen an. Zu Schulzeiten trifft man sich immer mittwochs im Gemeindesaal der St.-Matthäus-Kirche in der Nußbaumstraße 1, in den Ferien werden verschiedene Workshops angeboten. Die Kinder können jederzeit ohne Anmeldung und Vorkenntnisse einsteigen und mitmachen, die Übungsstunden sind kostenlos. Das Gelernte wird dann stolz in verschiedenen Vorstellungen präsentiert.

Übungszeiten: Mi. 15:00–16:00 Uhr für 5- bis 8-jährige und 16:30–18:00 Uhr für 8- bis 15-jährige.

Goethestr. 53, Tel. 089/53 56 11 | Anfahrt: U1, U2, U3, U6, Tram 17, 18, 27, Bus 31, 56, Haltestelle: Sendlinger-Tor-Platz | www.zirkus-trau-dich.com

Kino

Forum 2 Kinderkino *(Milbertshofen – Olympiadorf)*

Für Kinder ab 5

Es existiert schon seit 30 Jahren – das Forum 2! Und es ist schon seit sehr langer Zeit als Kinderkino im Olympiadorf fest verankert!

Immer freitags um 14:30 Uhr werden im Kinderkino Forum 2 großartige Kinderfilme gezeigt. Eintritt: 2,50 € für Erwachsene, 2,00 € für Kinder.

Das aktuelle Programm finden Sie auf der Homepage.

Nadistr. 3, Tel. 089/35 75 75 63 | Anfahrt: U3, Haltestelle: Olympiazentrum
www.kultur-forum2.de

KiM – Kino im Einstein *(Haidhausen)*

Für Kinder ab 4

Die engagierte Geschichte dieses Kinos begann am 25. Oktober 1985. Ursprünglich war es als „Kinderkino für Ausländer" gedacht, um ausländischen Kindern in ihrer Muttersprache Filme zu zeigen und diese anschließend nachzubereiten. Weil das Kino 13 Jahre lang im Haidhausen-Museum untergebracht war, heißt es „Kino im Museum", kurz KiM.

Im September 1998 ist das Kino ins Kulturzentrum Einstein umgezogen und hat dort in einem kleinen Gewölbekeller einen Vorführraum mit etwa

Im KiM wird auch Theater gespielt.

Der Wunschfilm im KiM

50 Sitzplätzen. Das aktuelle Kinoprogramm findet man in den Tageszeitungen. Das besondere am KiM ist die Möglichkeit, Geburtstage mit Wunschfilm und individueller Gestaltung feiern zu können.

Einsteinstr. 42, Tel. 089/47 07 77 66 | Anfahrt: U4, U5, Tram 15, 18, 19, 25, Haltestelle: Max-Weber-Platz | www.kim-kino.de

Kinderkino in der Südpolstation *(Neuperlach)*

Für Kinder ab 5
Hier hat man die Möglichkeiten das Kinderkinoprogramm mitzubestimmen! Einfach beim Kinderradio am Südpol vorbeikommen und sich den Lieblingsfilm wünschen. Übrigens: Das Kinderkino kann das ganze Jahr für Kindergeburtstagspartys gemietet werden. Die Südpolstation bietet außerdem einen Kindertreff und Ferienprogramme an.

Gustav-Heinemann-Ring 19, Tel. 089/6 37 37 87 | Anfahrt: S7, U5, Bus 195, 196, 199, 217, 218, 210, 212, 411, Haltestelle: Neuperlach Süd | www.suedpolstation.de

Monopol *(Schwabing)*

Für Kinder ab 5
Ausgezeichnet mit dem Schwabinger Kunstpreis und dem Programmpreis der Stadt München.

Schleißheimer Str. 127, Tel. 089/38 88 84 93 | Anfahrt: Tram 12, 27, Bus 53, 154, Haltestelle: Nordbad | www.monopol-kino.de

DAV Kletterzentrum *(Thalkirchen)*

Für Kinder ab 3

Die riesige Kletteranlage mit rund 7 800 qm Kletterfläche innen und außen bietet Groß und Klein einen Riesenspaß! Für Kinder gibt es einen separaten Kinderkletter-Bereich, der mit dicken Matten am Boden ausgestattet ist. Im Bistro kann man sich stärken und auf dem Spielplatz noch einmal ordentlich rumzappeln. Selbstverständlich ist Leihausrüstung gegen Gebühr vorhanden.

Happy Hour: Mo.–Fr.: ab 21:00 Uhr, Sa., So., Fei. ab 19:00 Uhr. Eintritt für Erwachsene: 5 €, Happy Hour: 3,50 €; Kinder und Jugendliche bis 18 Jahre: 2,50 €, Happy Hour 1,80 €. Öffnungszeiten: Mo.–Fr. 7:00–23:00 Uhr, Sa., So., Fei. 8:00–23:00 Uhr.

Thalkirchner Str. 207, Tel. 089/1 89 41 63-11 | Anfahrt: U3, Haltestelle: Brudermühlstr. oder Thalkirchen | www.kletterzentrum-muenchen.de

Kletterhalle Heavens Gate *(Haidhausen)*

Für Kinder ab 6

Europas höchste Kletterhalle! Klettern, Kletterkurse und Kindergeburtstage feiern – hier ist das alles möglich! Öffnungszeiten: 10:00–23:00 Uhr an 365 Tagen im Jahr!

Das Kletterzentrum des DAV

Grafinger Str. 6, Tel. 089/2 00 03 07-0 | Anfahrt: S1–S8, U5, Tram: 19, Bus 9410, 54, 55, 100, 145, 152, 155, 187, 213, Haltestelle: Ostbahnhof
www.kletternmachtspass.de

Klettern im Sporthaus Schuster *(Innenstadt)*

Für Kinder ab 9

Münchens neuer Hausberg im Sport Schuster – gigantisch hoch sieht sie aus, die Kletterwand im Sport-Schuster-Hauptgeschäft. Geboten wird Folgendes: eine Toprope-Sicherung mit einem DAV-Fachübungsleiter in der Kletterwand, außerdem sind ausreichend Klettergurte vorhanden, nur die Kletterschuhe müssen selbst mitgebracht werden.

Am besten eignet sich als Einstieg für diese Kletterwand ein Schnupperkurs, der vom Haus selbst in Kooperation mit dem DAV angeboten wird. (Altersklassen: 9–11, 13–16, 17–27 und Erwachsene). Der Kurspreis ab 15 € ist inkl. Klettersteigausrüstung. Anmeldung über: Peter Fresia, Tel. 0 89/2 37 07-120, kletterwand@sport-schuster.de.

Ein Parkhaus ist direkt unter dem Sporthaus vorhanden. Öffnungszeiten: Mo.–Sa. 10:00–20.00 Uhr.

Rosenstr. 1–5, Tel. 089/23 70 7-0 | Anfahrt: S1–S8, U3, U6, Tram 19, Bus 52, Haltestelle: Marienplatz | www.sport-schuster.de

Kletterkurs im Sporthaus Schuster

Kunst im KuKi

KuKi e.V. – Kunst für Kinder *(diverse Stadtteile)*

Für Kinder ab 5

KuKi bietet Vorschul- und Grundschulkindern ein museumspädagogisches Angebot in den Münchner Kunstmuseen, in Kirchen und auf historischen Plätzen der Stadt. Mit wechselnden Aktionen, Führungen und Projekten werden Kinder fantasievoll an Kunst, Architektur und Geschichte herangeführt. Die festen Termine am Wochenende finden Sie auf der Homepage, für individuelle Termine und Geburtstagsfeiern fragen Sie einfach direkt bei KuKi nach.

Leopoldstr. 61, Tel. 089/36 10 81 71 | www.kuki-muenchen.de

Kultur und Spielraum *(diverse Stadtteile)*

Für Kinder ab 5

Das Hauptaugenmerk aller Projekte liegt darauf, die Kinder zur aktiven Teilnahme anzuregen. Kultur und Spielraum fördert das Mitmachen, so kann man seine eigenen Möglichkeiten entdecken. Seit über 30 Jahren planen und organisieren Sozial- und Kulturpädagogen, Künstler und Lehrer als selbstständiger Maßnahmeträger des Jugendamtes der Landeshauptstadt München Kulturprojekte für Kinder, Jugendliche und Erwachsene. Zum Beispiel ein Kinder-Kolleg, das Kabarett Kaktus und die Ferienakademie „Kunst & Krempel". Das aktuelle Programm entnehmen Sie bitte der Homepage.

Ursulastr. 5, Tel. 089/34 16 76
Anfahrt: U3, U6, Bus 53, 54, 144,
Haltestelle: Münchner Freiheit
www.kulturundspielraum.de

Kustermann (Innenstadt)

Für Kinder ab 6

In der Kochschule ess-art von Bioland werden unterschiedliche Kochkurse für verschiedene Alterklassen angeboten.

Alles Bio und trotzdem lecker. In diesen Kursen wird den Kin-

Kochschule ess-art im Kustermann

dern die Vielfältigkeit der Lebensmittel erklärt, es gibt Sensorikübungen und eine Warenkunde.

Der Kurs beinhaltet das Zubereiten und gemeinsame Essen der Speisen, Softdrinks und die Rezeptmappe. Dauer des Kurses: 3 Stunden, Kosten: ab 49 €. Die Kurstermine finden Sie online auf der Homepage.

Viktualienmarkt 8, Tel. 089/23 72 50 | Anfahrt: S1–8, U3, U6, Tram 19, Bus 52,
Haltestelle: Marienplatz | www.ess-art.de

Leo 61 *(Schwabing)*

Für Kinder von 3 bis 12

„Kultur macht die Stadt erst richtig bunt!" ist das Motto des Kinder- und Jugendkulturorts Leo 61 an der Münchner Freiheit.

Und genauso bunt und strahlend ist das angebotene Kultur- und Projektprogramm. Als Einstieg wird empfohlen, sonntags einfach mal vorbeizuschauen und die aktuellen Angebote der Spiel- und Lernwerkstatt oder der ExHibits-Mitmachausstellung kennenzulernen. Leos „Sonntagszeit" bietet sich perfekt an, um sich über Jugendkunstschulkurse zu informieren, Tee zu trinken, zu plaudern u.v.m. Wann: immer sonntags von 14:00–18:00 Uhr – umsonst und drinnen!

Leopoldstr. 61, Tel. 089/2 60 92 08 | Anfahrt: U3, U6, Bus 53, 54, 144, Haltestelle: Münchner Freiheit | www.spielkultur.de/leo-61/

Kreative Werkstatt in der Little Art Gallery

Little ART Gallery *(Innenstadt)*

Für Kinder von 4 bis 18

Die Kinder- und Jugendgalerie und kreative Werkstatt! Jeden Freitagnachmittag wird hier mit unterschiedlichen Materialien und unter Anleitung von engagierten Künstlern gemalt, gestaltet, mit Farben und Formen experimentiert. Es gibt eine Ausstellungsbesichtigung mit kreativem Rahmenprogramm zum Mitmachen, und die Führungen für Kinder und Vernissagen werden regelmäßig organisiert und können besucht werden. Für Gruppen bitte mit telefonischer Anmeldung Öffnungszeiten: Mo.–Fr. 10:00 17.00 Uhr.

c/o Münchner Künstlerhaus, Lenbachplatz 8, Tel. 089/28 80 65 46 | Anfahrt: S1–S8, U4, U5, Tram 16, 18, 19, 20, 21, 2, Haltestelle: Karlsplatz (Stachus) www.little-art.org

Lollihop *(Aubing)*

Für Kinder ab 0

Der große Indoorspielplatz! Auf über 1000 qm gibt es hier Spaß und Spiel für alle Tobemäuse – Autoscooter, Westerneisenbahn, ein Kletterlabyrinth, einen Kleinkindbereich, eine Achterbahn, einen Mini-See mit Mini-Tretbooten, eine Kinderdisco und unzähliges mehr! Hier kann man ideal Geburtstag

Spiel und Spaß im Lollihop

feiern! Für die Party gibt es von Lollihop eine Geburtstagskrone und ein Geschenk.

Das Geburtstagskind isst zusammen mit seinen Freunden in einer der bunten Kindergeburtstagsboxen, die mit einem farbigen Holztisch und kleinen Bierbänken eingerichtet sind. Zudem kann man auf Wunsch eine Zauberin bestellen. Die Mitnahme von Speisen und Getränken ist nicht gestattet, aber man kann aus verschiedenen Geburtstagsmenüs wählen. Und selbstverständlich darf ein eigener Geburtstagskuchen mitgebracht werden.

Öffnungszeiten: Mo.–Fr. 14:00–19:30 Uhr, Sa., So., Fei. 10:30–19:30 Uhr. Für Kindergärten, Schulen und Gruppen können dienstags und donnerstags Sonderöffnungszeiten vereinbart werden. Kinder: 8,50 €, Erwachsene: 4 €, Kinder bis zum 1. Lebensjahr haben kostenlosen Eintritt. Jeden Montag Oma- und Opa-Tag. Großeltern haben in Begleitung ihrer Enkelkinder freien Eintritt (außerhalb der Ferien und der Feiertage).

Colmdorfstr. 3, Tel. 089/86 46 60 80 | Anfahrt: Bus 143, Haltestelle: Colmdorfstr., S8, Haltestelle: Aubing | www.lollihop.de

Maggi-Kochstudio

Für Kinder ab 8

Bekannt aus Film und Fernsehen! Im Maggi-Kochstudio gibt's diverse Kinderkurse im Angebot. Gruppenkochkurse zu Wunschterminen werden individuell organisiert, auch der Geburtstag lässt sich so feiern. Öffnungszeiten: Mo.–Sa. 10:30–18:30 Uhr.

Kochen im Maggi-Kochstudio

Tal 31, Tel. 089/215 6 82 04 | Anfahrt: S1-8, Tram 18, Haltestelle: Isartor
www.maggi.de

Malschule und Kulturschmiede *(Sendling)*

Für Kinder ab 5

Hier haben die Kinder in verschiedenen Kursen, die nach Altersgruppen aufgeteilt sind, die Gelegenheit, mit unterschiedlichsten Materialien und Techniken zu experimentieren.

Daiser Str. 22, Tel. 089/6 88 73 99 | Anfahrt: U3, U6, Bus 132, Haltestelle: Implerstr. | www.sendlinger-kulturschmiede.de

Medienzentrum München *(Maxvorstadt)*

Für Kinder ab 8

Das Medienzentrum München des IFF (Institut für Medienpädagogik) unterstützt Medienprojekte in München und ganz Bayern. Es hat sich die Medienerziehung für Kindergarten, Hort und Schule zur Aufgabe gemacht und möchte Kindern die technische Kompetenz im Bezug auf Medien vermitteln und fördern.

Kinder, die Lust haben, aktuelle Kinderfilme im Kino zu checken und sie auf dem Münchner Kinderportal www.pomki.de zu beschreiben und zu bewerten, sind in der Kinderfilmredaktion willkommen. Jugendliche ab 14 können sich in verschiedenen Jugendredaktionen beteiligen, für die Jüngeren gibt es seit Neuestem die Online-Community Knipsclub (unter www.knipsclub. de). Auch für größere Kinder bietet das Medienzentrum tolle Sachen an: Es gibt die Jugendredaktion, das Hörfestival u.v.m. Zu Ereignissen wie dem Internationalen Kinderfilmfest werden gesondert Projekte organisiert. Außerdem unterstützt das Medienzentrum Jugendmediengruppen bei der Umsetzung ihrer Projekte, unter anderem durch den Verleih von technischem Gerät.

Rupprechtstr. 29, Tel. 089/1 26 65 30 | Anfahrt: U1, Haltestelle: Maillingerstr. |
www.medienzentrum-muc.de/

Clownerie bei mini.musik

mini.musik *(Haidhausen)*

Für Kinder von 3 bis 6

Musik zum Mitmachen – die Konzerte von mini.musik möchten Kindern ab 3 Jahre einen ganz persönlichen Zugang zu klassischer Musik vermitteln. Nicht im Sinne von musikalischer Früherziehung, sondern im Erleben und Entdecken der Freude an der Musik – in allen Facetten vom Barock bis zur Moderne. Daher ist hier nix mit Stillsitzen: Im Konzert darf mitgeklatscht, getanzt und gesungen werden. Dabei wird jeweils ein kindgerechtes, fantasievolles Thema behandelt – von „Zirkus" bis „Bauernhof" – und auch mit Spielszenen illustriert. Im Laufe einer Konzertreihe in der BlackBox im Gasteig lernen die Kinder nach und nach alle Instrumente im Orchester kennen: Blas-, Streich-, Zupf- und Schlaginstrumente. Das Beste: Nach dem Konzert dürfen alle rauf auf die Bühne und die Instrumente anfassen und ausprobieren. Neben der Gasteig-Konzertreihe gibt es noch weitere Konzerte im Repertoire von mini.musik, informieren Sie sich am besten auf der Homepage. Die Karten sind auch über München Ticket (www.muenchenticket.de) oder an den Münchner Vorverkaufsstellen erhältlich.

Karl-Valentin-Str. 21, 85757 Karlsfeld, Tel. 0 81 31/3 33 44 10
www.mini-musik.de

Musik zum Anfassen bei mini.musik

Münchner Kinder- und Jugendfarmen

Auf den Münchner Kinder- und Jugendfarmen können die Stadtmäuse alles über ökologisches Anbauen und Tiere lernen. Es gibt viele Mitmachprogramme, verschiedene Projekte und Hausaufgabenbetreuung. Über die aktuellen Termine erkundigen Sie sich am besten über die jeweilige Homepage.

Farm *(Neuaubing)*

Für Kinder ab 5

Auf der Farm in Neuaubing können Kinder, Jugendliche und junge Erwachsene auf 1,5 ha Land landwirtschaftliche Arbeiten unterschiedlichster Art kennenlernen. Bei der gemeinsamen Pflege von Tieren und Pflanzen lernen sie, Verantwortung zu übernehmen. Öffnungszeiten: im Sommer Di.–Fr. 12:00–18:00 Uhr, Sa. + Ferien 10:00–18:00 Uhr; im Winter Di.–Fr. 12:00–17:00, Sa. + Ferien 9:00–17:00 Uhr.

Wiesentfelserstr. 59, Tel. 089/8 71 12 87 | Anfahrt: S5, Haltestelle: Neuaubing, Bus 57, Haltestelle: Wiesentfelserstr. | www.jugendfarm.org

Farm *(Ramersdorf)*

Für Kinder ab 5

Auf ca. 3500 qm Geländefläche können Kinder und Jugendliche landwirtschaftliche Arbeiten, wie Säen, Ernten und Verarbeiten kennenlernen. Auch hier steht die gemeinsame Pflege von Tieren und Pflanzen im Mittelpunkt. Öffnungszeiten: im Sommer Di.–Fr. 12:30–18:00 Uhr, Sa. + Ferien 10:00–18:00 Uhr; im Winter Di.–Fr. 12:00-17:00, Sa. + Ferien 9:00–17:00 Uhr.

Görzer Str. 95, Tel. 089/60 06 28 15 | Anfahrt: Bus 145, Haltestelle: Hochäckerstr., Bus 139, Haltestelle: Mitterweg | www.jugendfarm.org

Münchner Bücherschau *(Haidhausen, Innenstadt)*

Für Kinder von 4 bis 14

November im Gasteig, März im Münchner Stadtmuseum: Kinder- und Jugendbuchausstellung und Lesungen, Spiel- und Aktionsprogramme rund ums Buch. Besonders im Gasteig steht 18 Tage lang alles ganz im Zeichen des Buches – auch des Kinder- und Jugendbuches! Im zweiten Obergeschoss stellen rund 70 Verlage ihre Kinder- und Jugendbücher aus, flankiert von Themenausstellungen wie „Die 100 Besten" oder eine Auswahl zum „Deutschen Jugendliteraturpreis 2012" sowie von zahlreichen Veranstaltungen.

Es gibt Musicals und Mitmachaktionen, den Elternvorlesewettbewerb und viele Lesungen mit bekannten Autoren oder Sprechern wie Andreas Stein-höfel, Paul Maar, Ralph Caspers, Erhard Dietl, Rainer Strecker und vielen mehr. Komplettiert wird das Angebot durch ein engagiertes und buntes Mitmachprogramm von Kultur & Spielraum mit offenen Werkstätten des Verlages Bunt & Vielfalt, Aktionen und Ausstellungen rund um das Thema „Dinge" und gemütlichen (Vor-)Lesesesseln.

Eltern-Tipp: Ein Besuch auf der Münchner Bücherschau ist ein Event für die ganze Familie! Eltern haben Zeit für sich, um in der großen Buchausstellung mit rund 20 000 Neuerscheinungen, Best- und Longsellern zu schmökern und die Sprösslinge ihr Programm! Eintritt in die Buchausstellung und zu manchen Veranstaltungen ist frei! Ansonsten Kartenvorverkauf bei Mün-chen-Ticket und bei allen bekannten Vorverkaufsstellen.

Mehr Informationen zum Programm findet man auf der Homepage. Öff-nungszeiten: tägl. 8:00–23:00 Uhr.

Gasteig, Rosenheimer Str. 5, Anfahrt: S1–S8, Tram 15, 25, Haltestelle: Rosenhei-mer Platz, Tram 18, Haltestelle: Am Gasteig | Münchner Stadtmuseum, St.-Jakobs-Platz, Anfahrt: S1–S8, U3, U6, Haltestelle: Marienplatz, U1, U2, U3, U6, Tram 16, 17, 18, 27, Haltestelle: Sendlinger Tor, Bus 152, Haltestelle: St.-Jakobs-Platz, Bus 52; Haltestelle: Blumenstr. | www.muenchner-buecherschau.de www.muenchner-buecherschau-junior.de

Viel Zeit zum Lesen auf der Bücherschau

Museen

Ägyptisches Museum *(Innenstadt)*

Für Kinder ab 4

Die Anschaulichkeit der altägyptischen Objekte ist so faszinierend, dass sogar ein Museumsbesuch für die Kleinsten ein großes Abenteuer ist. Für alle größeren Kinder liegen Bastelbögen in unterschiedlichen Schwierigkeitsgraden mit verschiedenen Motiven, wie Krone, Falkenkopf oder Barke bereit. Das ganze Jahr über findet einmal pro Monat eine Veranstaltung für die Familie statt: am Sonntagmorgen entweder eine Führung oder ein Diavortrag für Kinder und Eltern. Parkmöglichkeiten gibt es in der Tiefgarage an der Oper (5 Min. gehen), am Hofbräuhaus (10 min gehen) und am Salvatorplatz (5 Min. gehen). Kosten: Kinder bis 16 haben freien Eintritt, Erwachsene: 5 €. Öffnungszeiten: Di. 9:00–21:00 Uhr, Mi.–Fr. 9:00–17:00 Uhr, Sa. + So. 10:00–17:00 Uhr.

Hofgarten, Tel. 089/29 85 46 | Anfahrt: U3, U4, U5, U6, Haltestelle: Odeonsplatz | www.aegyptisches-museum.de

Alpines Museum *(Lehel)*

Haus des Alpinismus mit Alpinem Museum, historischem Alpenarchiv und der Bibliothek des Deutschen Alpenvereins. Es werden neben der Dauerausstellung „Die Geschichte des Alpinismus" jedes Jahr vier weitere Sonderausstellungen organisiert. Im Café Isarlust kann man sich dann erfrischen. Preise: Erwachsene: 4,50 €, Kinder von 7–14 Jahren: 1 €, Kinder unter 6 haben freien Eintritt. Öffnungszeiten: Di.–Fr. 13:00-18:00 Uhr, Sa. + So. 11:00–18:00 Uhr.

Praterinsel 5, Tel. 089/2 11 22 40 | Anfahrt: U4, U5, Haltestelle: Lehel, Tram 17, Haltestelle: Mariannenplatz | www.alpenverein.de

Bayerisches Nationalmuseum *(Lehel)*

Für Kinder ab 6

Immer sonntags um 15:00 Uhr heißt es im Bayerischen Nationalmuseum: Kinder können mitmachen. Für Kinder ab 6 gibt es Mitmachführungen (mit und ohne Eltern). Das Ganze ist ohne Voranmeldung möglich. Das Museum bietet jeden Monat vielseitige und abwechselnde Führungen und ein Kinder- und Familienprogramm. Am besten informieren Sie sich direkt über die Hompage, was gerade ansteht. Für Kinder bis 18 ist hier freier Eintritt! Neu ist das Restaurant mit tägl. wechselnder Mittagskarte. Unter dem Motto „Wünsch dir was" können hier besondere Familientage oder Geburtstage gefeiert werden. Diese werden von geschulten Mitarbeiterinnen und Mitarbeitern des Bayerischen Nationalmuseums und des Museums-Pädagogischen Zentrums München durchgeführt. Eine umfangreiche Themenauswahl lässt fast keinen Wunsch offen. Genaue Informationen und Termine unter Tel. 089/2 11 24-2 16. Öffnungszeiten: Di.–So. 10:00–17:00 Uhr, Do. Abendöffnung bis 20:00 Uhr.

Prinzregenstr. 3, Tel. 089/211 24 01 | Anfahrt: U4, U5, Haltestelle: Lehel, Tram 17, Bus 100, Haltestelle: Bayerisches Nationalmuseum www.bayerisches-nationalmuseum.de

Bayerische Volkssternwarte *(Haidhausen)*

Für Kinder ab 4

Freitags um 17:00 Uhr wird in der Volkssternwarte eine Führung für Kinder angeboten. Die Führung dauert etwa 1,5 bis 2 Stunden, ist für Kinder ab 4 Jahren geeignet und findet bei jeder Witterung statt. Eine Anmeldung ist nicht notwendig – einfach kommen! Preise: Erwachsene: 5 €, Kinder: 3 €, Kinder unter 4 Jahren haben freien Eintritt. Parkmöglichkeiten gibt es in der Umgebung oder kostenpflichtig im Parkhaus des Gebäudes der Volkssternwarte.

Rosenheimer Str. 145 h, Tel. 089/40 62 39 | Anfahrt: Bus 155, 55, 145, Haltestelle: Anzinger Str. | www.sternwarte-muenchen.de

Sonntags im Bayerischen Nationalmuseum

BMW Welt *(Milbertshofen)*

Hier sind alle richtig, die sich für schnelle und moderne Autos interessieren! Geboten werden eine Autoausstellung und eine Motorradausstellung .
„Mobilität mit allen Sinnen entdecken" ist das Motto des Junior Campus. In Kooperation mit Pädagogen und Wissenschaftlern wurde dieser Campus entwickelt, um Fantasie und Neugier zu fördern und technisches Wissen zu vermitteln.

Der Campus bietet drei Erlebnisräume mit den Schwerpunkten Mobilität und Nachhaltigkeit auf multisensuale Art und Weise. Im Campus Labor können Kinder verschiedene Workshops belegen, die von pädagogisch geschultem Personal geleitet werden. In der Campus Werkstatt kann man selbst ein Fahrzeug kreieren. Kinder können den Motor und das Design wählen, das Fahrwerk entwicklen und bauen dann in der Fertigungsstraße das Fahrzeug zusammen. Das Campus-Portal ist für Kinder von 7 bis 13 Jahren kostenlos – alle übrigen Campus-Angebote, wie Labor, Werkstatt, Mobilitätstour und alle Workshops sind jedoch kostenpflichtig. Und wer noch nicht genug hat, kann hier auch noch seinen Geburtstag feiern: Im Rahmen des Workshops „Mobilität entdecken und gestalten" wird hier kräftig gefeiert. Das Geburtstags-Programm dauert etwa 3 Stunden hat eine 25-minütige Pause, um zu essen und zu plaudern. Der Vorteil hier ist, dass man die Möglichkeit hat, seine Speisen und Getränke selbst mitzubringen, ansonsten kann man ein Catering bestellen.

Der Geburtstags-Workshop wird vom pädagogisch geschulten Personal des Junior Campus geleitet. Tipp: Die Einladungskarten kann man über die Homepage downloaden! Der Eintritt in die BMW Welt ist für alle Besucher frei. Doch das ist noch nicht alles, im BMW Museum gibt es noch ein gesondertes

BMW Welt

Kinder- und Jugendprogramm, besonders beliebt ist der Familiensonntag: Der jeweils letzte Sonntag im Monat gehört im BMW Museum und in der BMW Welt den Familien. Reduzierter Museumseintritt und kostenlose Führungen, wechselnde Workshops und Shows sorgen immer wieder für spannende und abwechslungsreiche Unterhaltung bei Groß und Klein, Jung und Alt. Das Sonderprogramm des Familiensonntags geht von 10:00–18:00 Uhr.

Im Feuerwehrmuseum

Die regulären Angebote können Sie im Internet nachlesen. Das Highlight jedes Familiensonntags sind die wechselnden interaktiven Mitmachprogramme zu speziellen Themen. Öffnungszeiten: Mo.–Fr. 9:00–19:00 Uhr, Sa. + So., Fei. 10:00–19:00 Uhr. Junior Campus: Mo.–Fr. 9:00–18:00 Uhr, Sa. + So., Fei. 10:00–18:00 Uhr.

Am Olympiapark 1, Tel. 01 80/2 11 88 22 | Anfahrt: U3, Haltestelle: Olympia-zentrum | www.bmw-welt.com

Deutsches Museum *(Altstadt-Lehel)*

Für Kinder ab 4
Das Deutsche Museum bietet in mehr als 40 verschiedenen Ausstellungen und einem Kinderreich allen Mäusen unzählige Entdeckungsmöglichkeiten. Es gibt tägl. spannende Vorführungen und verschiedene Aktionen. Wer hier Geburtstag feiern will, sollte wissen, dass es je nach Alter verschiedene Angebote gibt: Für die 4- bis 8-Jährigen werden im Kinderreich Workshops angeboten und alle ab 8 Jahren gibt es Führungen durch ausgewählte Abteilungen. Für das leibliche Wohl sorgt die Gastronomie des Museum gerne mit Restaurant und Imbiss: Tel. 089/21 01 94 78, Café mit Alpenblick im 3. Stock: Tel. 089/21 79-4 69.
Hier wird so viel geboten, dass ein Tag nicht ausreicht! Öffnungszeiten: tägl. 9:00 17:00 Uhr.
Preise: ab 16: 8,50 €, Kinder von 6–15: 3 €, Kinder bis 5 haben freien Eintritt.
Für Kinderwagen: Aufzüge sind vorhanden.

Museumsinsel 1, Tel. 089/21 79-1 | Anfahrt: S1–S8, Tram 17, Haltestelle: Isartor, U1, U2, Haltestelle: Fraunhoferstr., Bus 132, Haltestelle: Boschbrücke, Tram 18, Haltestelle: Deutsches Museum | www.deutsches-museum.de

Feuerwehrmuseum *(Innenstadt)*

Für Kinder ab 3

Hier kann man alte Feuerwehruniformen, Spritzwagen und Modelle bestaunen und lernen, wie die Feuerwehr schon vor hundert Jahren den Kampf gegen das Feuer aufnahm. Es gibt auch viele Highlights, wie z. B. den U-Bahn-Waggon, der beim Brand im U-Bahnhof Königsplatz am 5. September 1983 zerstört wurde. Öffnungszeiten: Sa. 9:00–16:00 Uhr.

An der Hauptwache 8, Tel. 089/23 53-41 25 | Anfahrt: U1, U2, U3, U6, Tram 16, 17, 18, 27, Bus 152, Haltestelle: Sendlinger Tor | www.feuerwehr-museen.de

Haus der Kunst *(Schwabing)*

Für Kinder ab 0

Ihr Credo „Kind hört mit" hat das Team vom Haus der Kunst inspiriert, spezielle Führungen für Eltern und ihre Babys und Kinder ab 0 Jahre anzubieten. Für diese Führungen wird um vorherige Anmeldung gebeten! Dauer ca. 1 Std. Preise: 15 € inkl. Kind bis 4 Jahre. Für größere Kinder (5–7 Jahre) gibt es die sogenannten Spielführungen. Dauer: ca. 1 Std. Preise: 3 € pro Kind. Hier braucht man keine Anmeldung. Ein weiteres Highlight sind die Video- und

Deutsches Museum, Abteilung Pharmazie

VJ-ing-Kurse für Kinder ab 11. Weiter gibt es noch Angebote und Workshops für alle Altersklassen und verschiedene Familienprogramme. Auch hier kann man Geburtstag feiern – das Programm sieht Folgendes vor: Nach einem unterhaltsamen Rundgang durch die Ateliers können die Kinder selbst zu Künstlern werden und probieren verschiedene Materialien und Techniken aus! Für die Verpflegung kann entweder alles selbst mitgebracht werden oder durch das Museumscafé

Haus der Kunst

organisiert werden. Dauer: ca. 2,5 Std. Preise: 90 € pro Gruppe. Bitte mit Anmeldung. Ein kostenpflichtiger Parkplatz befindet sich hinterm Haus. Für Kinderwagen: Das ganze Museum ist barrierefrei. Wenn Hunger aufkommt, steht das Café „Goldene Bar" zur Verfügung. Und nach dem Besuch kann noch im fußläufig gelegenen Englischen Garten getobt werden. Öffnungszeiten: Mo.–Mi., Fr.–So. 10:00–20:00 Uhr, Do. 10:00–22:00 Uhr.

Prinzregentenstr. 1, Tel. 089/2 11 27-1 18 | Anfahrt: Tram 17, Haltestelle: Nationalmuseum, Bus 100, Haltestelle: Königinstr. | www.hausderkunst.de

Filmworkshop im Haus der Kunst

Jagd- und Fischereimuseum *(Innenstadt)*

Für Kinder ab 3

Kennt ihr die großen Tierplastiken des Bronzekeilers und eines Welses mitten in der Neuhauserstraße? Genau hier, im Haus nebenan, werden auf ca. 3000 qm herausragende Zeugnisse der Jagd- und Fischereikultur von der Steinzeit bis in die Gegenwart gezeigt. Interaktive Medien erlauben dem Besucher einen beeindruckenden Einblick in das Weidwerk und den Fischfang. Kosten: Erwachsene 3,50 €, Kinder 3–6 Jahre 1 €, ab 7 Jahre 2,50 €. Öffnungszeiten: tägl. 9:30–17:00 Uhr, letzter Einlass 16:15 Uhr, Do. Abendöffnung bis 21:00 Uhr, letzter Einlass 20:15 Uhr.

Neuhauser Str. 2, Tel. 089/22 05 22 | Anfahrt: S1–S8, U4, U5, Tram 16, 18, 19, 20, 21, 27, Haltestelle: Karlsplatz/Stachus | www.jagd-fischerei-museum.de

Jüdisches Museum *(Innenstadt)*

Für Kinder ab 4

Ein Ort der Vermittlung jüdischer Geschichte und Kultur, denn politische Bildung kann nicht früh genug beginnen.

Preise: Jugendliche unter 18 Jahren haben freien Eintritt, Erwachsene: 6 €. Das Cafe Makom lädt zum Verweilen ein. Info: Das Museum ist barrierefrei gebaut und hat eine wunderbare Literaturbuchhandlung. Fürs Auto: Parkhaus Schranne, Prälat-Zistl-Str. 3, Parkhaus Marienplatz, Rindermarkt 16, Parkhaus Angerhof, Oberanger 35. Öffnungszeiten: Di.–So. 10:00–18:00 Uhr.

St.-Jakobs-Platz 16, Tel. 089/2 33-9 60 96 | Anfahrt: S1–S8, U3, U6, Haltestelle: Marienplatz, U1, U2, U3, U6 Tram 16, 17, 18, 27, Haltestelle: Sendlinger Tor, Bus 152, Haltestelle: St.-Jakobs-Platz, Bus 52, Haltestelle: Blumenstr. | www.juedisches-museum-muenchen.de

Kartoffelmuseum *(Berg am Laim)*

Für Kinder ab 3

Informatives, Kurioses und viel Künstlerisches rund um die Kartoffel erwartet die Familien und Kinder im Kartoffelmuseum. Mit unglaublich viel Liebe zum Detail ist dieses Museum eingerichtet und auch wirklich einzigartig in seiner Art. Die Kartoffel: Entdeckt von Kolumbus, in Deutschland seit 1647 auf den Äckern zu finden. Maßgeblich am Aufstieg der Kartoffel in Deutschland beteiligt war der Preußenkönig und Kartoffelanbau-Förderer Friedrich II. Seit der Inka-Zeit sind Künstler vom Thema Kartoffel fasziniert und wurden davon inspiriert. Die Zeitdokumente, die man hier im Museum finden kann, spiegeln auch den Wandel der Bedeutung dieser schmackhaften Feldfrucht wider.

Das Kartoffelmuseum, eine Einrichtung der Otto Eckart Stiftung, wurde 1996 in München eröffnet. Es ist weltweit das einzige Museum, das sich der Kartoffel ausschließlich unter dem kunst- und kunsthistorischen Aspekt widmet. Es zeigt eine variantenreiche Sammlung von Exponaten und eine umfangreiche Bildersammlung rund um das Thema Kartoffel. Von Ölgemälden und Aquarellen über Stiche, Zeichnungen, Lithografien und Drucken bis zu naiver Hinterglasmalerei und moderner Grafik ist alles vertreten, was irgendwie mit der Kartoffel und/oder den aus ihr hergestellten Produkten zu tun hat. Da läuft einem das Wasser im Mund zusammen. Das Museum ist in acht thematisch in sich abgeschlossene Räume gegliedert:

Geschichte: Vom Inka-Gold zum Volksnahrungsmittel; Blüten, Pflanzen, Knollen; Anbau und Ernte; Marktszenen; Multi-Talent Kartoffel: Ob Gummibärchen oder Tesafilm, die Kartoffel ist immer dabei; Raritätensammlung; Fürstenspeise und Arme-Leute-Essen: Galerie der Moderne

Hinweis: Der Eintritt ins Museum ist frei, wer bei seinem Rundgang Zusatzinformationen wünscht, erhält diese bei einer interessanten Führung. Führungen: Preise: Erwachsene 3 €, Kinder u. Schüler 1,50 € . Öffnungszeiten: Di.–Do. nach Vereinbarung, Fr. 9:00–18:00 Uhr, Sa. 11:00–17:00 Uhr.

Grafinger Str. 2, Tel. 089/40 40 50 | Anfahrt: S1–S8, U5, Bus 45, 53, 54, 56, 89, 95, 96, 198, 9410, Tram 19, Haltestelle: Ostbahnhof | www.kartoffelmuseum. de

Kinder- und Jugendmuseum München e. V. *(Hauptbahnhof)*

Für Kinder ab 3

„Berühren erlaubt!", heißt es im Kinder- und Jugendmuseum direkt am Hauptbahnhof. Denn durch das Berühren, Begreifen, Anfassen, Erfassen und Verstehen wird dieses Museum zu einem lebendigen, spritzigen und aufregendem Kulturort für alle. Hier gibt es interaktive Ausstellungen zu allen möglichen Wissensgebieten, dabei werden Wissenschaft und Spiel, Kunst und Natur, Kultur und Technik immer wieder neu und ungewöhnlich verknüpft. Ein Grundsatz lautet: Hier wird nicht nur für Kinder, sondern ausdrücklich mit Kindern und Jugendlichen gearbeitet. Und natürlich kann man hier seinen Geburtstag feiern: Die Geburtstagsecke kann telefonisch reserviert werden. Info: Besser eine Babytrage mitnehmen, da die Räumlichkeiten sich über mehrere Etagen hinziehen. Wer Hunger be-

Prunkwagen und Pferdeschlitten im Marstallmuseum

kommt, findet im Umkreis mehrere Einrichtungen, die Snacks anbieten. Preise: (ab 4 Jahren) 4,50 €, Familienkarte: 11,50 €, Gruppen ab 10 Personen pro Person 3,50 €. Öffnungszeiten: Di.–Fr. 14:00–17:30 Uhr, Sa., So., Fei. 11:00–17:30 Uhr.

Arnulfstr. 3, Tel. 089/54 54 08 80 | Anfahrt: S1–S8, U1, U2, U4, U5, Tram 16, 17, 19, 20, 21, Haltestelle: Hauptbahnhof | www.kindermuseum-muenchen.de

Marstallmuseum *(Nymphenburg)*

Für Kinder ab 4
Das Marstallmuseum ist in den Räumen des Schlosses Nymphenburg untergebracht. Die Hauptausstellung zeigt die prächtigen und imposanten Kutschen der bayerischen Herrscher. Von Staats- und Galawagen bis Prunkschlitten und Reitausrüstungen der Hofwagenburg. Wenn man möchte, kann man gleich nebenan noch das Museum für Nymphenburger Porzellan besichtigen.
Preise: 4,50 €. Öffnungszeiten: tägl. 10:00–16:00 Uhr.

Schloss Nymphenburg, Tel. 089/17 90 80 | Anfahrt: Bus 51, Tram 12, 17, Haltestelle: Schloss Nymphenburg | www.schloss-nymphenburg.de

Museum Mensch und Natur *(Nymphenburg)*

Für Kinder ab 4

Naturkunde als interaktives und anschauliches Erlebnis mit immer wechselnden Sonderausstellungen. Hier kann man problemlos einen ganzen Nachmittag verbringen, ohne sich auch nur eine Sekunde zu langweilen. Es gibt eine große Garderobe und Schließfächer. Wenn der Hunger sich meldet: ab in die Cafeteria, die sich auf Kinder und Familien spezialisiert hat. Öffnungszeiten: Di,. Mi., Fr. 9:00–17:00 Uhr, Sa., So., Fei. 10:00–18:00 Uhr.

Schloss Nymphenburg, Tel. 089/1 79 58 90 | Anfahrt: Tram 12, 17, Bus 51, Haltestelle: Schloss Nymphenburg | www.musmn.de

Museum für Völkerkunde *(Lehel)*

Für Kinder ab 6

Einmal um die ganze Welt! Kunstwerke und Exponate von Thailand über Brasilien, von Pakistan bis nach Afrika und quer durch Lateinamerika – hier gibt es atemberaubende Kunstausstellungen von den unterschiedlichsten Kulturen unserer Welt.

Außerdem bietet das Museum für Kinder und Jugendliche diverse Führungen und Workshops an, die durch ein fachkundiges und erfahrenes Team von Ethnologen begleitet werden. Anmeldung und Information: Dr. Doro-

Flugsaurier im Museum Mensch und Natur

Museum Mensch und Natur

thee Schäfer, 089/2 10 13 61 37. Stärken kann man sich im Café Max2, es gibt
tägl. wechselnde warme und kalte Speisen und Getränke, geöffnet Di.–So.:
10:00–17:30 Uhr, www.cafe-max2.de. Eine Erinnerung ersteht man im Cara-
vanserai, dem Museumsshop, hier findet man Kunsthandwerk, Schmuck,
Textilien und vieles mehr, geöffnet Di.–So.:10:00–17:30 Uhr. Preise: Kinder
bis 18 Jahren haben freien Eintritt, Erwachsene: 4 €, sonntags, nur 1 €. Öffnungszeiten: Di.–So. 9:30–17:30 Uhr.

Maximilianstr. 42, Tel. 089/2 10 13 61 00 | Anfahrt: S1–S8, Haltestelle: Isartor,
U4, U5, Haltestelle: Lehel, Tram 17, 19, Haltestelle: Maxmonument
www.voelkerkundemuseum-muenchen.de; www.caravanserai.de

Planetarium München im Deutschen Museum *(Lehel)*

Für Kinder ab 6
Hier kann man sich die Sterne vom Himmel holen. Im Planetarium lernt
man alles über Planeten, schwebt durchs All und findet sich auf der Milch-
straße wieder. Das Planetarium befindet sich im Deutschen Museum, und
Karten für 2 €, zusätzlich zum Museumseintritt sind nur an der Information
in der Eingangshalle erhältlich. Eine Reservierung ist nicht nötig und auch
nicht möglich. Vorführungen finden täglich um 10, 12, 14 und 16 Uhr statt.

Museumsinsel 1, Tel. 089/21 79-1 | Anfahrt: S1–S8, Tram 17, Haltestelle: Isartor,
U1, U2, Haltestelle: Fraunhoferstr., Bus 132, Haltestelle: Boschbrücke, Tram 18,
Haltestelle: Deutsches Museum | www.deutsches-museum.de

Seidlvilla *(Schwabing)*

Für Kinder ab 4

In der Seidlvilla gibt es ein abwechslungsreiches kulturelles Programm, das man am besten über die Tageszeitungen oder die Homepage recherchiert.

Nikolaiplatz 1 b, Tel. 089/33 31 39 | Anfahrt: U3, U6, Haltestelle: Giselastr. www.seidlvilla.

Spielzeugmuseum im Alten Rathaus *(Innenstadt)*

Für Kinder ab 4

Hier läuft die Welt anders herum, denn man startet vom ersten Stock mit dem Aufzug in den fünften Stock direkt unter das Turmdach. Und jetzt erst steigt man über die Wendeltreppen von Turmstube zu Turmstube hinab, um die Spielsachen von einst zu bestaunen.

Über vier Stockwerke verteilt findet man eine unikate Sammlung alter europäischer und amerikanischer Spielsachen. Und was es nicht alles gab! Preise: Kinder (bis 15 Jahren): 1 €, Erwachsene: 3 €. Öffnungszeiten: tägl. 10:00–17:30 Uhr.

Marienplatz 15, Tel. 089/29 40 01 | Anfahrt: S1–S8, U3, U6, Tram 19, Bus 52, Haltestelle: Marienplatz | www.spielzeugmuseum-muenchen.de

Blick in die Abteilung Schaustellerei

Stadtmuseum *(Altstadt)*

Für Kinder ab 4

Das Museum sagt von sich selbst: „Das Münchner Stadtmuseum zeigt als Institution internationaler Zivilisations- und Kulturgeschichte die Wandlung Münchens von der deutschen Residenzstadt zur weltoffenen Großstadt." Sehenswert: die Ausstellung Puppentheater/Schaustellerei.
Preise: Kinder unter 18 Jahren haben freien Eintritt, Erwachsene: 4 €. Fürs Auto: Parkhaus Schranne, Prälat-Zistl-Str. 3, Parkhaus Marienplatz, Rindermarkt 16, Parkhaus Angerhof, Oberanger 35. Öffnungszeiten: Di.–So. 10:00–18:00 Uhr.

St.-Jakobs-Platz 1, Tel. 089/23 32 23 70 | Anfahrt: S1–S8, U3, U6, Haltestelle: Marienplatz, U1, U2, U3, U6, Tram 16, 17, 18, 27, Haltestelle: Sendlinger Tor, Bus 152, Haltestelle: St.-Jakobs-Platz, Bus 52; Haltestelle: Blumenstr. | www. stadtmuseum-online.de

Valentin-Karlstadt-Musäum *(Innenstadt)*

Für Kinder ab 6

Das Museum des Münchner Komikers Karl Valentin und seiner Lebensgeschichte. Absolut sehenswert für Groß und Klein. Nach nur 79 Stufen sollte man einen Abstecher ins „Turmstüberl" machen, wo schon Ringelnatz, Frank Wedekind, Marietta oder Erich Mühsam saßen. Genießen Sie die bayerischen Schmankerl und lachen Sie mit der Wirtin Petra Perle. Preise: Kinder ab 6 Jahren: 1,99 €, Erwachsene: 2,99 €. Öffnungszeiten: Mo. + Di. + Do. 11:01–17:29 Uhr, Fr. + Sa. 11:01–17:59 Uhr, So. 10:01–17:59 Uhr.

*Tal 50, Tel. 089/22 32 66
Anfahrt: S1–S8, Tram 18, Bus 132,
Haltestelle: Isartor
www.valentin-musaeum.de*

**Karl Valentin als Sturzflieger
Aquarell von Ludwig Greiner, um 1920**

Verkehrszentrum *(Theresienhöhe)*

Für Kinder ab 3

Das Verkehrsmuseum als Teil des Deutschen Museums bietet offene Führungen zu Verkehrsmitteln, Straßen und Schienen an. Vom Hochrad bis zum Blinker, für Kinder von 6–12. Dauer: ca. 30 Minuten. Hier ist keine Voranmeldung nötig. Für die individuellen Führungen zu unterschiedlichen Themen muss man sich anmelden. Dauer: Mo.–Fr. etwa 1 Std., Sa. + So. 1,5 Std. Anmeldung unter Tel. 089/21 79-5 97.

Dann gibt es noch einen großen Kinderbereich für alle ab 3. Hier wird gebastelt, gebaut und gespielt.

Highlight ist, hier seinen Kindergeburtstag zu feiern – mitten zwischen Autos, Technik, Eisenbahnen und Verkehrsschildern.

Die Party beinhaltet eine altersgerechte und spielerische Führung durch die verschiedenen Hallen inklusive einer Fahrt auf dem Kinder-Parcours oder dem Kutschensimulator. Auch die elektrische Eisenbahn steht den Kindern zur Verfügung. Den Abschluss bietet dann eine rasante Rutschpartie auf der großen Röhrenrutsche. Geeignet sind die Feiern für Kinder von 6–12 Jahren mit einer Gruppengröße von 10–15 Kindern. Kostenpunkt unter der Woche 50 € zzgl. Eintritt, Dauer: 1 Std., Sa–So: 65 € zzgl. Eintritt, Dauer: 1,5 Std. Um eine Voranmeldung wird 6 Wochen im Voraus gebeten. Leider ist das Mitbringen von eigenem Essen und Getränken nicht möglich, auf Anfrage kann in der „Café-Station" etwas Spezielles wie z. B. ein Geburtstagstisch mit Geburtstagskuchen vorbereitet werden. Anmeldung unter Tel. 089/51 08 58 35.

Preise: Kinder von 6–15 Jahren: 3 €, Erwachsene: 6 €, Kinder bis 5 Jahre haben freien Eintritt. Öffnungszeiten: tägl. 9:00–17:00 Uhr.

Theresienhöhe 14 a, Tel. 089/5 00 80 67 62 | Anfahrt: S1–S8, Haltestelle: Hackerbrücke, U4, U5, Bus 134, Haltestelle: Schwanthalerhöhe | www. deutsches-museum.de/verkehrs-zentrum

Oldtimer im Verkehrszentrum

Musisch-Kreative Werkstatt *(Fürstenried)*

Für Kinder ab 6

Die MKW bietet ein ganzjähriges Programm für altersgleiche, gemischt- und gleichgeschlechtliche Gruppen an. Die Gruppenstärke liegt bei 8–9 Kindern, und aktuell gibt es 12 Gruppen. Eine Anmeldung ist erforderlich, am besten telefonisch. Preise: Teilnahmegebühr für ein Jahr beträgt derzeit 80 €. Darin sind die Kosten für Material enthalten. Werden mehrere Kinder einer Familie zur Teilnahme an einer Gruppe angemeldet, gibt es gestaffelte Ermäßigungen. Eltern mit geringem Einkommen werden unterstützt. Das Programm umfasst Malerei, Töpfern, plastisches Arbeiten, Schmieden u.v.m. Neben dem ganzjährigen Programm gibt es noch zeitlich begrenzte Kurse. Über das vollständige Angebot informieren Sie sich am besten über die Homepage.

Walliserstr. 15 a, Tel. 089/7 55 77 73 | Anfahrt: U3, Bus 56, 134, 166, 260, 261, 936, 267, Haltestelle: Fürstenried West | www.musischkreative-werkstatt.de

Naturindianer *(diverse Stadtteile)*

Für Kinder von 5 bis 14

Die „Naturindianer-Kids" bieten von der UNESCO ausgezeichnete Kinderbe- treuung in den Ferien in verschiedenen Camps in München an. Wie ein frü-

Abenteuer bei den Naturindianern

herer Indianer leben oder mal ein paar Tage auf dem Bauernhof verbringen: Als Indianer können alle Kinder am Lagerfeuer ihr eigenes Essen zubereiten, im Tipi wohnen und ein Feuer mit einem Stein machen. Oder ein Bauernhof-Camp belegen mit geführtem Reiten. Das Beste an all diesen Angeboten ist: Die Kleinen sind dabei viel an der frischen Luft, lernen, welche Pflanzen essbar oder giftig sind, und erforschen den Wald. Die Camps finden an verschiedenen Standorten in München, zum Beispiel in Berg am Laim, am Olympiapark, in Neuhausen, Bogenhausen und im Münchner Umland, statt. Geburtstage wie ein Indianer feiern kann man hier auch. Aus einer Vielzahl von Angeboten kann man sich den passenden Naturerlebnistag raussuchen. Eines muss man wissen: Es wird immer draußen gefeiert, ob Winter oder Sommer! Gefeiert wird unter Anleitung qualifizierter Pädagogen in der näheren Umgebung der eigenen Wohnung.

Kellerstr. 41, Tel. 089/67 97 15 08 | Anfahrt: S1–S8, Tram 15, 25, Haltestelle: Rosenheimer Platz | www.naturindianer.de

Ökologisches Bildungszentrum *(Bogenhausen)*

Für Kinder von 3–12

Das ÖBZ ist ein Umweltbildungszentrum. Dort finden zahlreiche Veranstaltungen zu großstädtischen Themen in den Bereichen Ökologie, Wirtschaft, Soziales und Kultur statt. Für Kinder heißt es, z. B. im „Graslöwen-Club" aktiv zu werden. Es gibt regelmäßige monatliche Club-Treffen. Durch eine Umweltpädagogin werden spielerisch und spannend verschiedene Umwelt- und Nachhaltigkeitsthemen vermittelt. Außerdem sollen die Kinder angeregt werden, sich im eigenen Lebensumfeld selbst für Natur und Umwelt zu

Viel Natur im Ökologischen Bildungszentrum

Spielend die Natur erleben im ÖBZ

engagieren. www.grasloewe.de

Im Angebot sind auch ökologische Kindergeburtstage für Kinder von 3–12: Natur erleben auf dem ÖBZ-Gelände, Erkunden des NaturSpielRaums, Spiele und Aktionen und vieles mehr. Die Freiflächen des ÖBZ bieten spannende Möglichkeiten. Zudem steht ein schöner Raum (inkl. Küchennutzung) zur Verfügung. Erwähnt werden müssen auch die Ferienangebote für Kinder von 6–12: Ein bunt gemischtes Ferienprogramm bietet Kindern im Rahmen von Ganztagesveranstaltungen (inkl. Mittagessen) sowie Kindervormittagen und -nachmittagen die Möglichkeit, sich aktiv und spielerisch mit unterschiedlichen Themen rund um Naturerkunden und -entdecken, Ernährung u.v.m. zu beschäftigen. Auch für die Bildungsstätten hält das ÖBZ einiges bereit: Kindergarten, Schul- und Hortpgrogramm für Kinder und Jugendliche von 3–16:

In den Programmen für Schulklassen, Horte und Kindergärten werden erlebnisreiche Stunden zu unterschiedlichen Themenbereichen wie z.B. Natur, Umwelt und Nachhaltigkeit angeboten, in die die Grünflächen des ÖBZ mit eingebunden sind.

Englschalkinger Str. 166, Tel. 089/93 94 89-60 | Anfahrt: U4, Arabellapark
www.oebz.de

Radioredaktion „Radio Feierwerk" *(Sendling)*

Für Kinder ab 8

Die Mitmach-Redaktion für alle interessierten Kinder – hier kann man lernen, wie man Radio macht! Ganz behutsam, Stück für Stück lernt man die redaktionelle Arbeit kennen, schreibt eigene Texte, spricht Buch-, Film- oder Spieletipps ein, bereitet Interviews vor, schaut hinter die Kulissen und ist bei einer Live-Sendung dabei.

Erkundigen kann man sich unter Tel. 089/72 48 84 88 und einen Besuchstermin für eine kostenlose Schnupperstunde vereinbaren. Die Redaktionszeiten sind: Di.–Fr. 10:00–17:00 Uhr, Treffpunkt: Radio-Studio, im 1. Stock.

Hansastr. 39–41, Tel. 089/7 24 88-0 | Anfahrt: Bus 131, 132, Haltestelle: Hansa-park, U4, U5, S7, S20, Bus 133, Haltestelle: Heimeranplatz, Bus 134, Haltestelle: Baumgartnerstr. | www.feierwerk.de/radio.html

Reiten

Reitclub Isartal *(Thalkirchen)*

Für Kinder ab 6
Auch schon für die Kleinsten:hott und hü!

Schönstr. 89, Tel. 089/66 21 59 | Anfahrt: Bus 52, Haltestelle: Wilhelm-Kunert-Str. | www.rc-isartal.de

Reitschule Birkenhof *(Lochhausen)*

Für Kinder ab 4
Hier findet man 24 Schul-Ponys in allen Größen, Farben und Formen. Es gibt „Zwergerlstunden" für 4- bis 6-Jährige, Unterricht für Reitanfänger, Fortge-schrittenenausbildung, Sommerferienlehrgänge u.v.m. Preise: 63 €/Monat. Öffnungszeiten: Mo.–Fr. 14:00–19:00 Uhr, Sa. 10:00–18:00 Uhr.

Lochhausener Str. 268, Tel. 01 72/6 66 35 00 |Anfahrt: S3, Bus 161, Haltestelle: Lochhausen | www.birkenhofponys.de

Reptilienauffangstation *(Schwabing)*

Für Kinder ab 3
Die Auffangstation für Reptilien bietet ein einmaliges Erlebnis für Kinder und Jugendliche aller Altersstufen. Es befinden sich 500 bis 600 Tiere in den Räumen und Außenanlagen. Darunter auch Giftschlangen, Krokodile, große Würgeschlangen, Grüne Leguane und Schildkröten in allen Größen. Die ak-tuellen Führungstermine finden Sie auf der Homepage, um eine Anmel-dung per E-Mail wird gebeten. Da die Reptilienauffangstation von Spenden lebt, wird um einen kleinen Unkostenbeitrag für die Führung gebeten.

Kaulbachstr. 37, Tel. 089/21 80 50 30 | Anfahrt: U3, U6, Haltestelle: Universität | www.reptilienauffangstation.de

Das Rehabilitationszentrum in München

Phoenix GmbH
Konduktives Förderzentrum

Wir bieten Ihnen für Kinder mit Störungen des Zentralen Nervensystems viele Möglichkeiten im Förderzentrum, integrativ und inklusiv!

- Beratung für Familien mit behindertem Kind
- Heilpädagogische Kinderkrippe für Kinder ab 10 Monaten
- Heilpädagogischer Kindergarten und schulvorbereitende Einrichtung, integrativer Kindergarten
- Mutter-Vater-Kind-Blöcke
- Fördergrund- und hauptschule mit Außenklassen an Grundschulen
- Kinderintensivtherapieblöcke in den Ferien
- Ambulante Erwachsenenrehabilitation bei Hemiplegie, MS, Parkinson, u.a.

In allen Bereichen wird das heilpädagogische Konzept der Konduktiven Förderung nach Prof. András Petö auch in inklusiven Bezügen umgesetzt und gewinnbringende therapeutische Verfahren werden in den Gruppen eingesetzt, z.B. Gangtrainer, Laufband, Galileo und Wassertherapie.

Informationen:

Phoenix GmbH
Oberföhringer Straße 150
81925 München
Tel.: +49 (0) 89 8393-6393
Fax: +49 (0) 89 8393-6395
info@phoenix-kf.de
www.phoenix-kf.de

Residenz München und Schatzkammer
(Maxvorstadt)

Für Kinder ab 4

Eine zauberhafte Schlossbesichtigung ist hier möglich von der Schatzkammer bis ins Residenzmuseum! Ausserdem gibt es extra spannende Führungen nur für Kinder. Preise: Kinder unter 18 Jahren haben freien Eintritt. Öffnungszeiten: April–Oktober 9:00-18:00 Uhr, Oktober–März 10:00–17:00 Uhr.

Residenzstr. 1, Tel. 089/2 90 67-1 | Anfahrt: U3, U6, Haltestelle: Marienplatz, U3, U6, Haltestelle: Odeonsplatz, Tram 19, Haltestelle: Nationaltheater www.residenz-muenchen.de

Rumfordschlössl *(Schwabing)*

Für Kinder von 6–12

Die Kinder- und Jugendfreizeitstätte im Schloss. Es gibt hier einen offenen Treff, in dem Kinder Seilspringen oder Fußballspielen können und das Balan-

cieren auf Baumstämmen üben, sich dem Herstellen von Freundschafts-
bändern und Papierfliegern widmen dürfen oder einfach eine Runde Mau-
Mau oder Uno spielen können. Jeder trifft jeden zum Spielen, Reden,
Erfinden, oder Entspannen. Es wird zusätzlich noch ein Kreativprogramm
und Umweltbildung angeboten. Wer wollte schon mal in einem echten
Schloss Geburtstag feiern? Hier ist dies möglich: für alle Kinder ab dem
5. Geburtstag bis zum 12. Geburtstag.
An Freitagen und an Samstagen kann der Saal des Rumfordschlössls in der
Zeit von ca.13:00 bis 19:00 Uhr gemietet werden. Preis: 75 €.

*Englischer Garten 5, Tel. 089/34 11 97 | Anfahrt: U3, U6, Bus 54, 154, Haltestel-
le: Giselastr. | www.rumfordschloessl.de*

Schule der Phantasie *(Schwabing)*

Für Kinder von 6–10
Kreativkurse für Grundschulkinder

*Haimhauser Str. 23, Tel. 089/39 12 74 | Anfahrt: U3, U6, Bus 53, 54, 144, Halte-
stelle: Münchner Freiheit*

Faszinierende Unterwasserwelt im Sealife

Künstler in der Sendlinger Kulturschmiede

Sealife *(Milbertshofen)*

Für Kinder ab 3

Aquarium

Preise: Kinder von 3–14 Jahren: 10,50 €, Erwachsene: 15,95 €, kostenpflichtige Parkplätze stehen in der Olympia-Parkharfe zur Verfügung. Öffnungszeiten: tägl. ab 10:00 Uhr.

Willi-Daume-Platz 1, Tel. 089/45 00 00 | Anfahrt: U3, Haltestelle: Olympia-zentrum | www.visitsealife.com/munchen

Sendlinger Kulturschmiede *(Sendling)*

Für Kinder von 6–17

Diese Kinder- und Jugendwerkstatt hat sich den Satz von Pablo Picasso zum Motto gemacht: „Als Kind ist jeder ein Künstler. Die Schwierigkeit liegt darin, einer zu bleiben." In unterschiedlichen Kursen arbeiten die Kinder in festen, altersgleichen Gruppen mit 8–10 Teilnehmern und treffen sich einmal pro Woche bzw. alle 14 Tage für 2 Stunden.

Daiserstr. 22, Tel. 089/76 14 35 | Anfahrt: U3, U6, Haltestelle: Implerstr., U6, S7, Haltestelle: Harras | www.sendlinger-kulturschmiede.de/gruppen/kinderwerkstatt/

SIN – Studio im Netz e.V. *(Großhadern)*

Für Kinder ab 6

Die multimediale Drehscheibe der Kinder- und Jugendkulturarbeit. Mittwochs können Kinder hier unter medienpädagogischer Betreuung die Medienwelten kennenlernen, Computerspiele und Lernprogramme ausprobieren, im Internet surfen und Websites entwickeln. Es gibt Kurse wie den Kindercomputerclub, den Mädchencomputerclub und natürlich auch den Jungencomputerclub. Die Teilnahme kostet 15 € pro Schulhalbjahr.

Heiglhofstr. 1, Tel. 089/72 46 77 00 | Anfahrt: U6, Bus N41, Regionalbus 266, 268, Haltestelle: Großhadern | www.sin-net.de/

Singpoint *(diverse Stadtteile)*

Für Kinder ab 0

Bei Singpoint kann man einfach eine CD aufnehmen, egal ob Gesang, Hörbuch oder Werbespot. Natürlich kann man hier auch eine Geburtstags-CD

Computerspiele im SIN

Gartenparty im Spielhaus boomerang

mit all seinen Gästen einspielen. Das ist mal ein Gruppen-Party-Erlebnis der besonderen Art. Öffnungszeiten: Mo.–So. 9:00–22:00 Uhr.

Tel.: 0 18 05/20 02 52 | www.singpoint.de

Spielhaus boomerang *(Moosach)*

Für Kinder von 6–18

Die Kinder- und Jugendeinrichtung boomerang (Jugendcafé, Spielhaus, Spielbus) ist ein offener Treffpunkt für alle Kinder und Jugendliche mit verschiedenen Spieleangeboten, offenen pädagogischen Projekten, Madchentagen und speziellen Ferienangeboten.

Pelkovenstr. 128, Tel. 089/1 40 46 68 | Anfahrt: U1, U3, Bus 51, 60, 143, 175, Haltestelle: Olympia-Einkaufszentrum | www.fzst-boomerang.de

Spurwechsel *(diverse Stadtteile)*

Für Kinder ab 6

Mit Fahrrad, Tram, Doppeldeckerbus, Kutsche und zu Fuß kann man hier München entdecken. Da es so viele verschiedene und wechselnde Angebote gibt, informiert man sich am besten direkt über die Homepage.

Die Stadt erkunden mit Spurwechsel

Ohlmüllerstr. 5 , Tel. 089/6 92 46 99 | Anfahrt: Tram 27, Haltestelle: Eduard-Schmidt-Str. | www.spurwechsel-muenchen.de

Stadtdetektive *(Schwabing)*

Spurensuche

Für Kinder von 5–18

Sherlock Holmes aufgepasst: Hier könnt ihr euch mit den Stadtdetektiven auf Spurensuche in München begeben! Die Termine bitte nur nach individueller Absprache. Begleitpersonen sind kostenlos und von der Anzahl der Kinder abhängig. Es lohnt sich, sich mit mehreren Familien zusammenzuschließen. Führung ab fünf Kinder, pro Kind 12 €. Führungen im Rahmen von Kindergeburtstagen sind möglich und Schulklassen willkommen.

Adelheidstr. 24, 089/27 37 56 37 | Anfahrt: U2, Bus 154, Haltestelle: Josephs-platz | www.stadtdetektive.com

Stadtteilkulturzentrum Giesinger Bahnhof *(Giesing)*

Für Kinder ab 6

Hier im Kulturzentrum gibt es Veranstaltungen für Groß und Klein – das aktuelle Programm am besten online abrufen!

Giesinger Bahnhofplatz 1, Tel. 089/69 38 79-30 | Anfahrt: S3, S7, U2, U8, Tram 27, Bus 54, 139, 144, 220, Haltestelle: Giesing | www.giesinger-bahnhof.de

Stattreisen *(Ludwigvorstadt)*

Für Kinder ab 6

Bei Stattreisen werden Sagen, Geschichten und Legenden über München lebendig erzählt und Führungen organisiert. Aufgrund der Vielzahl der An-gebote bitte die Führungen direkt online abfragen.

Frauenlobstr. 24/Rückgebäude, Tel. 089/54 40 42 30 | Anfahrt: U3, U6, Bus 58, Haltestelle: Goetheplatz | www.stattreisen-muenchen.de

Spannende Geschichten über München

Theater und Kultur

Lustspielhaus *(Schwabing)*

Für Kinder ab 5
Am Nachmittag gibt es hier vieles nur für Kinder!

Occamstr. 8, Tel. 089/34 49 74 | Anfahrt: U3, U6, Bus 53, 54, 123, 140, 141, Halte-stelle: Münchner Freiheit | www.lustspielhaus.de

Bayerische Staatsoper *(Innenstadt)*

Für Kinder von 7-15 Jahren
Kinder- und Jugendtag „Erlebnis Oper und Ballett" – Kinderführungen rund um das Thema Oper und Ballett! Am besten informieren Sie sich direkt über die Homepage.

Max-Joseph-Platz 2, Tel. 089/21 85 10-25 | Anfahrt: U3, U4, U5, U6, Bus 100, Haltestelle: Odeonsplatz | www.bayerische-staatsoper.de

Mitmachen in der Bayerischen Staatsoper

Bayerisches Staatsschauspiel – Residenztheater *(Innenstadt)*

   € €

Für Kinder ab 6

Das JUNGE RESI – Theater für junges Publikum – will Freude und Neugierde auf das Medium Theater wecken! In verschiedenen Theaterlabors können sich Kinder und Jugendliche über mehrere Wochen zu verschiedenen Stücken des Spielplans vom Residenztheater mit Profis musikalisch, gesanglich, tänzerisch, sprachlich und stimmlich ausprobieren. Ob Theaterstücke für Kinder und Familien, Produktionen mit Jugendlichen, in denen sie selbst die Hauptrollen spielen, spannende Lesungen oder Theaterwerkstätten zum Theaterluft-Schnuppern – für jeden ist etwas dabei. Genaue Informationen und Termine zu allen Veranstaltungen findet man auf der Homepage und im Monatsspielplan.

Max-Joseph-Platz 1, Tel. 089/21 85 20 38 | Anfahrt: U3, U4, U5, U6, Bus 100, Haltestelle: Odeonsplatz | www.residenztheater.de/junges_resi

Kindertheater im Jungen Resi

...ühnenflöhe *(Au)*

Für Kinder ab 6

Das Theater in der Au „Die Bühnenflöhe" wurden 1985 von Sigi Siegert (heute „Theater Blaue Maus") und Edda Minnich gegründet. Es werden Kinderstücke und Märchen zur Aufführung gebracht. Tipp: Die Bühnenflöhe suchen immer wieder Nachwuchsschauspieler und Helfer. Für den Anfang kann man hinter der Bühne helfen oder je nach Eignung eine kleine Rolle spielen.

Am Herrgottseck 5, Tel. 089/62 28 67 30 | Anfahrt: Tram 27, Haltestelle: Mariahilfplatz | www.theaterinderau.de

Evangelische Familienbildungsstätte *(Innenstadt)*

Für Kinder von 2,5–9

Kindertheaterstücke! Hauptvorstellung in der Regel am Freitag, 15:00 Uhr. Die Länge der Vorstellungen beträgt ca. 45 min.

Herzog-Wilhelm-Str. 24, Tel. 089/55 22 41-0 | Anfahrt: U1, U2, U3, U6, Tram 16, 18, 27, Bus 152, Haltestelle: Sendlinger Tor | www.efbs-muc.de

Galli Studio Theater *(Maxvorstadt)*

Für Kinder ab 5

Das Galli Studio bietet witzreiche und spannende Unterhaltung für die ganze Familie mit Theaterstücken von Johannes Galli. Das Theater kann auch für Kindergeburtstage gemietet werden. Nach jeder Show haben die Kinder die Möglichkeit, einen Theater-Workshop zu besuchen und selbst das Stück ihren Eltern zu präsentieren.

Dachauer Str. 78, Tel. 089/78 07 83 14 | Anfahrt: S1-S8, U1, U2, U4, U5, Tram 16, 19, 20, 21, Bus 58, Haltestelle: Hauptbahnhof | www.galli.de

Heppel & Ettlich *(Schwabing)*

Für Kinder ab 0

Feilitzschstr. 12, Tel. 089/38 88 78 20 | Anfahrt: U3, U6, Bus 53, 54, 123, 140, 141, Haltestelle: Münchner Freiheit | www.heppel-ettlich.de

Iberl Zwergerl Bühne *(Solln)*

Für Kinder ab 5

Die Iberl Zwergerl Bühne wurde im April 2010 gegründet und ist Bayerns erstes und einziges bayerisches Kindertheater. Hier wird den Kleinsten die bayerische Sprache und Kultur nähergebracht! Für Geburtstagsfeiern informieren Sie sich bitte telefonisch.

Wilhelm-Leibl-Str. 22, Tel. 089/79 42 14 | Anfahrt: S7, S20, S27, Haltestelle: Solln
www.iberlbuehne.de/zwergerl.html

Kleines Theater im Pförtnerhaus *(Oberföhring)*

Für Kinder ab 3

Seit über 20 Jahren führt nun schon der Kasperl im Kleinen Theater im Pförtnerhaus Regie. Die Geschichten für die Kleineren spielen im häuslichen Bereich, bei Stücken ab 4 Jahren kommen märchen- oder abenteuerhafte Elemente dazu.

Oberföhringer Str. 156, Tel. 089/95 31 25 | Anfahrt: Bus 188, Haltestelle: Bürger-
park Oberföhring | www.kasperlbuehne.de

Marionettentheater Bille *(Au)*

Für Kinder ab 4

Wundervolles Marionettentheater. Hier hat man auch die Möglichkeit, Geburtstag zu feiern, indem man sich sein Märchenstück selbst aussucht, und man kann auch seine Speisen und Getränke selbst mitbringen.

Bereiteranger 15, Tel. 089/65 92 06 | Anfahrt: Tram 27, Bus 52, Halstestelle:
Mariahilfsplatz, U1,U2, Haltestelle: Fraunhoferstr.
www.marionettenbuehne-bille.de/

Münchner Galerietheater *(diverse Spielorte)*

Für Kinder ab 4

Hier gibt es bezauberndes Kinder- und Puppentheater zu bestaunen.

Geigenbergerstr. 37, Tel. 089/7 91 53 29 | www.muenchner-galerie-theater.de

..ünchner Marionettentheater *(Innenstadt)*

Für Kinder ab 4
Vorverkauf auch über Tel. /AB oder E-Mail.

Blumenstr. 32, Tel. 089/26 57 12 | Anfahrt: U1, U2, U3, U6, Tram: 16, 18,27, Bus 152, Haltestelle: Sendlinger Tor | www.muenchner-maroenettentheater.de

Münchner Philharmoniker *(Haidhausen)*

Für Kinder ab 0
Unter dem Titel „Spielfeld Klassik" werden viele Workshops und Projekte angeboten, und: Ob als Einzelbesucher, Schulklasse oder Kindergruppe – den Philharmonikern kann man bei Probearbeiten über die Schulter schauen. Es werden auch Kammerkonzerte für Kinder veranstaltet. Alle Angebote können Sie auf der Homepage abrufen.

Kellerstr. 4, Tel. 089/4 80 98 50 90 | Anfahrt: S1–S8, Haltestelle: Rosenheimer Platz; Tram 18, Haltestelle: Gasteig | www.spielfeld-klassik.de

Münchner Marionettentheater

Münchner Theater für Kinder

Münchner Theater für Kinder *(Maxvorstadt)*

Für Kinder ab 4

Das Münchner Theater für Kinder gibt es inzwischen seit mehr als 40 Jahren und seit 33 Jahren in der Dachauer Straße. Das Programm umfasst Märchen der Gebrüder Grimm, Geschichten von Janosch, Astrid Lindgren und Otfried Preußler. Es gibt Opernbearbeitungen, Musicals und vieles mehr. Der Spielplan wechselt meist zweimal am Tag, und insgesamt gibt es bis zu 14 verschiedene Stücke.

Wenn man hier Geburtstag feiern mochte, erwartet einen Folgendes: Gemeinsam mit seinen Gästen schaut man sich das Stück an, und in der Pause können alle an einem festlich gedeckten Geburtstagstisch mit Kerzen, Getränken und Kuchen Platz nehmen. Nach der Vorstellung gibt es auch die Möglichkeit, im Foyer mit den Theaterkostümen zu spielen. Eine Reservierung ist notwendig. Die Preise erfährt man telefonisch.

Parkplätze findet man im Parkhaus des Ibis-Hotels.

Dachauer Str. 46, Tel. 089/59 54 54 | Anfahrt: U1, Haltestelle: Stiglmaierplatz, Tram 20, 21, Haltestelle: Karlstr., S1–S8, U2, Haltestelle: Hauptbahnhof
www.muenchner-theater-fuer-kinder.de

Pepper-Theater *(Neuperlach)*

Für Kinder ab 5

Seit 1995 wird das Pepper-Theater im Keller vom Trägerverein Pepper e.V. im Auftrag und mit Unterstützung des Kulturreferates der Landeshauptstadt München zur Förderung von Kunst und Kultur betrieben. Im Theatercafé kann man sich stärken. Kartenvorverkauf und Infos im Theatercafé oder telefonisch unter. Öffnungszeiten: Mo.–Sa. 11:00–24:00 Uhr.

Thomas-Dehler-Str. 12, Tel. 089/63 89 18 43 | Anfahrt: U5, Bus 55, 139, 192 196, 197, 198, 199, Haltestelle: Neuperlach-Zentrum | www.neuperlach.info/ pepper/pepper.htm

SCHAUBURG Theater der Jugend *(Schwabing)*

Für Kinder ab 5

Die Schauburg ist das Kinder- und Jugendtheater der Landeshauptstadt München.

Franz-Joseph-Str. 47, Tel. 089/23 33 71 71 | Anfahrt: Tram 27, Haltestelle: Elisabethplatz, U3, U6, Haltestelle: Giselastr., U2, Haltestelle: Josephsplatz www.schauburg.net

Kasperle im Fraunhofer

Showtime

Theater im Fraunhofer *(Isarvorstadt)*

Für Kinder ab 5

Das Theater im Wirtshaus oder das Wirtshaus mit Theater? Egal, hier spielte schon Jörg Hube mit seinem „Herzkasperl", Sigi Zimmerschied mit seinem „Klassentreffen" und Fredl Fesl mit seinem „Erzherzog-Johann-Jodler", und das Kindertheaterprogramm steht diesem wunderbaren Wahnsinn in nichts nach!

Fraunhoferstr. 9, Tel. 089/20 20 77 95 | Anfahrt: Tram 27, U1, U2, Haltestelle: Fraunhoferstr., Tram 17, 18, Haltestelle: Müllerstr. | www.fraunhofertheater.de

Theaterspielhaus *(Maxvorstadt)*

Für Kinder ab 4

Das junge Mitspiel-Theater – hier treffen sich Kinder, Jugendliche und Erwachsene unabhängig von Herkunft und Vorkenntnissen in verschiedenen, nach Alter sortierten Gruppen, um miteinander Theater zu spielen oder um sich Theaterstücke anzuschauen. Aktuell gibt es 8 Kindertheatergruppen für die Altersgruppen 4–12 Jahre und 8 Gruppen mit Jugendlichen und Erwachsenen. Die Kosten variieren und sind nach Selbsteinschätzung zu bezahlen, da das Theaterspielhaus ein gemeinnütziger Verein ist.

Rottmannstr. 7a, Tel. 089/52 31 06 24 | Anfahrt U1, Tram 20, 21, Haltestelle: Stiglmaier Platz, U2, Haltestelle: Theresienstr. | www.theaterspielhaus.de

Tierpark Hellabrunn *(Thalkirchen)*

Für Kinder ab 0

Der Münchner Zoo! Preise: Erwachsene: 11 €, Kinder von 4–14 Jahren: 4,50 €.
Öffnungszeiten: April–September tägl. 9:00–18:00 Uhr, Oktober–März
9:00–17:00 Uhr.

*Tierparkstr. 30, Tel. 089/6 25 08-0 | Anfahrt: U3, Haltestelle: Thalkirchen, Bus
52, Haltestelle: Tierpark | www.tierpark-hellabrunn.de*

Ein kleiner Dumbo im Tierpark Hellabrunn

Zeltdach-Tour und Abseil-Tour
(Milbertshofen – Olympiapark)

Für Kinder ab 10

In einer kleinen Gruppe klettern man auf eine unglaubliche Höhe und ist ganze 120 Minuten unterwegs auf dem Dach des Olympiastadions!

Die Touren finden nahezu bei jedem Wetter statt, ausgenommen bei Schnee, Gewitter, sehr starkem Regen oder sehr starkem Wind. Bei der Abseil-Tour geht es 40 m senkrecht in die Tiefe.

Preise: Kinder von 10–15 Jahren: 29 €, Erwachsene: 39 €.

Anmeldung dringend erforderlich beim Besucherservice, Tel. 089/30 67-24 14. Parkplätze findet man in der kostenpflichtigen Parkharfe.

Spiridon-Louis-Ring 21, Tel. 089/30 67-0 | Anfahrt: U3, Haltestelle: Olympia-zentrum, Tram 20, 21: Haltestelle: Olympiapark West, Bus 173, Haltestelle: Olympiapark-Eisstadion | www.olympiapark.de

Zeugnerhof *(Berg am Laim)*

Für Kinder von 6–18

In dem ehemaligen romantischen Bauerhaus, dem Zeugnerhof, wurde eine stadtteilorientierte Freizeiteinrichtung eingerichtet.

Das umfangreiche Programm bietet ein Jugendcafé, Computer und Billard, Kicker, zwei gut ausgestattete Werkräume, eine Schusterwerkstatt und großzügige Spielflächen vor und hinter dem Haus.

Die Schwerpunkte der Arbeit auf dem Zeugnerhof sind: Gesundheitspäda-gogik mit Aikido, Körperarbeit und Feldenkrais, Jugendkulturarbeit (Break-dance- und Hip-Hop-Gruppen), Mädchenarbeit (Mädchenzimmer, Mäd-chenfahrten und -wochenenden, Tanzgruppen), Intergenerationsarbeit, einen Generationentreff, Handwerk und Kunst (Holzschnitzen, Töpfern, Ma-lerei), Mitbestimmung und Selbstbestimmung, zusätzlich werden noch Computerkurse angeboten. Öffnungszeiten: Mo.–Fr. 13:00–16:30 Uhr (für Kinder von 6–13); 17:30–21:00 Uhr (für Kinder von 13–18).

Josephsburgstr. 10, Tel. 089/4 31 24 77 | Anfahrt: U2, Haltestelle: Josephsburg www.kjr-m.de/zeugnerhof

Frühling/Sommer

Beacharena *(Freimann)*

Für Kinder ab 6 Monaten

Hier kann man Beachvolleyball spielen, sich in den Sand setzen, auf dem Spielplatz toben, im Biergarten schmausen oder am Feriencamp teilnehmen. Öffnungszeiten: 1. April–30. Oktober (je nach Wetterlage) Tennis tägl. 9:00–22:00 Uhr; Beachvolleyball 9:00–22:00 Uhr; Bistro, Café, Biergarten 9:00–24:00 Uhr.

Extra: Schulklassen können hier für wenig Geld unter der Woche (10:00–15:00 Uhr) spielen.

Föhringer Ring 5, Tel. 089/32 21 01 00 | Anfahrt: U6, Haltestelle: Studentenstadt | www.beacharena.com

BMX-Bahn *(Olympiapark)*

Für alle Kinder, die sich trauen

Die BMX-Strecke beim Radsportstadion im Olympiadorf lässt die Nerven vibrieren.

Anfahrt: U3, Bus 173, Haltestelle: Olympiazentrum (von dort aus Richtung Radsportstadion fahren)

Boot fahren

Für Kinder ab 3

Kleinhesseloher See *(Schwabing)*

Ab in den Englischen Garten! Und danach vielleicht direkt in den Biergarten Seehaus?

Anfahrt: U3, U6, Bus 53, 54, 144, Haltestelle: Münchner Freiheit

Olympiasee *(Olympiapark)*

Halbinsel Olympiasee, Tel. 089/30 67-28 16 | Kosten: Ruderboote 1/2 Std. 5 €,
Tretboote 1/2 Std. 6 €, Ruderboote 1 Std. 9 €, Tretboote 1 Std. 10 €
Anfahrt: U3, Bus N42, 173, Haltestelle: Olympiazentrum

Boule *(Schwabing)*

Für Kinder ab 3

Im Hofgarten gibt es schön gelegene Boulebahnen, und im nahe gelegenen
In-Treff Tambosi kann man Boulesets für 3 € mieten (Pfand 20 €).
Prosecco-Tipp: Kinder spielen Boule, und wir trinken gemütlich einen Pro-
secco! Öffnungszeiten: tägl. 7:30–1:00 Uhr.

Luigi Tambosi, Odeonsplatz 18, Tel. 089/29 83 22 | Anfahrt: U3, U4, U5, U6,
Haltestelle: Odeonsplatz | www.tambosi.de

Erlebniskraftwerk Kulti-Kids e.V. *(Haidhausen)*

Für Kinder ab 8 Wochen
Von Krabbeln bis Kraxeln – und ein Restaurant ist auch vorhanden: In dem
zum Spielparadies umgebauten Heizkraftwerk der ehemaligen Pfanni-Fabrik können Kinder im Alter von 8 Wochen bis 14 Jahren in ihre eigene Aben-
teuerwelt eintauchen. Allein, zusammen mit Mama und Papa oder unter
professioneller Aufsicht. 800-qm-Indoor-Spielplatz mit Rutschen-Parcours,
Sport-und Spielgeräten sowie 400-qm-Abenteuerspielplatz im Außenbereich. Großer Außenbereich, viele Spiel- und Mitmachaktionen wie Hula-
Hoop, Wasserspiele, Hindernislauf, Sackhüpfen, Tischtennis u.v.m. Kosten:
Kinder 3 €, Geschwisterkinder 2 €, Eltern 0 €. Öffnungszeiten: Fr. 13:00–
18:00 Uhr, Sa. + So. 10:00–18:00 Uhr (Achtung: im August oft geänderte
Zeiten + Preise).

Grafinger Str. 6, Tel. 089/62 83 44-50 | Anfahrt: S1, S2, S3, S4, S6, S7, S8, U5,
Tram 19, Bus 9410, 54, 55, 100, 145, 152, 155, 187, 213, Haltestelle: Ostbahnhof
www.kulti-kids.org

Flohmärkte

Warum nicht endlich das Kinderzimmer entrümpeln und auf einem der vielen Flohmärkte seine Schätze zu Geld machen? Damit kann man dann viel neues Spielzeug kaufen … und Spaß macht es obendrein!

Theresienwiese

Das ist der größte Flohmarkt Münchens, der nur einmal jährlich stattfindet. Immer zu Beginn des Frühlingsfests Ende April.

Matthias-Pschorr-Str. 1 | Anfahrt: U4, U5, Haltestelle: Theresienwiese

Münchner Westen *(Langwied)*

Immer freitags und samstags auf einer 50 000 qm großen Fläche. Verkauf aus dem Auto möglich, kostenlose Parkplätze für Besucher vorhanden.
Bergsonstr. 115 | Anfahrt: S4, Haltestelle: Langwied

Feilschen auf dem Flohmarkt

Hoch über dem Olympiastadion mit Flying Fox

Parkharfe *(Milbertshofen – Olymiapark)*

Immer freitags und samstags bietet sich auf der Parkharfe im Olympiage-
lände die Gelegenheit, den Flohmarkt zu besuchen. Verkauf aus dem Auto
möglich

Ernst-Curtius-Weg 1 | Anfahrt: U3, Bus 173, Haltestelle: Olympiazentrum

Viele weitere Flohmarkttermine finden Sie unter:
www.muenchen.de/shopping/flohmaerkte.html

Flying Fox *(Milbertshofen – Olympiapark)*

Für Kinder ab 8

Der Flying Fox – diese Sensation ist wirklich einzigartig! Eine Höhe von
knapp 40 Metern, ein Seil mit einer Länge von über 200 Metern, und man
fliegt mit dem Flying Fox quer durch das Münchner Olympiastadion. Preise:
Erwachsene 35 €, Schüler + Studenten 30 €. Öffnungszeiten: 16. April–13. Juni
Do.–So.; 14. Juni–6. November tägl., jeweils ab 11:00 Uhr (Anmeldung erforderlich!).

*Spiridon-Louis-Ring 21, Tel. 0 86 42/5 95 56 50 | Anfahrt: U3, Bus 173, Haltestel-
le: Olympiazentrum | www.parkeroutdoor.com*

Freibäder

Für Kinder ab 0

Freibäder haben meist von Mai bis September (tägl. 9:00–18:00 Uhr) geöffnet. An heißen Tagen von Mai bis August haben die Bäder sogar bis 20:00 Uhr geöffnet.

Maria Einsiedel *(Thalkirchen)*

Naturbad, chlorfreie Planschbecken

Zentralländstr. 28 | Anfahrt: U3, Haltestelle: Tierpark, Bus 134, Haltestelle: Rupert-Mayer-Str., Bus 135, Haltestelle: Bad Maria Einsiedel

Bad Georgenschwaige *(Milbertshofen)*

Belgradstr. 195 | Anfahrt: U2, Tram 12, Haltestelle: Scheidplatz, U3, Tram 27, Haltestelle: Petuelring, Bus 140, 141, 144, Haltestelle: Scheidplatz, Bus 142, Haltestelle: Rümannstr.

Dantebad *(Neuhausen/Nymphenburg)*

Postillonstr. 17 | Anfahrt: U1, Tram 20, 21, Bus 151, 163, 164, 165, Haltestelle: Westfriedhof

Michaelibad *(Ramersdorf)*

Heinrich-Wieland-Str. 24 | Anfahrt: U5, Bus 195, 199, Haltestelle: Michaelibad

Prinzregentenbad *(Bogenhausen)*

Prinzregentenstr. 80 | Anfahrt: U4, Tram 18, Haltestelle: Friedensengel, Bus 54, 100, Haltestelle: Prinzregentenplatz

Schyrenbad *(Giesing)*

Das Schyrenbad ist das älteste Bad Münchens und öffnete bereits 1847 seine Pforten.

Claude-Lorrain-Str. 24 | Anfahrt: U1, U2, Bus 52, Haltestelle: Kolumbusplatz, Bus 58, Haltestelle: Claude-Lorrain-Str.

Sommerbad West *(Pasing)*

Weinbergerstr. 11 | Anfahrt: Tram 19, Bus 57, Haltestelle: Westbad

Ungererbad *(Schwabing)*

Traubestr. 3 | Anfahrt: U6, Bus 144, Haltestelle: Dietlindenstr.

Die Jakobi- und die Auerdult sind Klassiker.

Frühlingsfest *(Theresienhöhe)*

Für Kinder ab 2

Immer Ende April/Anfang Mai wartet die „kleine Schwester" des Oktober-fests zwei Wochen lang mit einer Riesengaudi auf der Theresienwiese auf. Neben dem Spaßfaktor locken die moderaten Preise viele Münchner auf das Frühlingsfest. Von Familientagen mit ermäßigten Preisen bis hin zu Feuer-werksattraktionen!

Anfahrt: U4, U5, Haltestelle: Theresienwiese
www.muenchner-fruehlingsfest.de

Jakobidult *(Au)*

Für Kinder ab 2

Findet Ende Juli/Anfang August statt.

Von Fahrgeschäften über Kurioses bis hin zu den unterschiedlichsten Marktständen bietet die Jakobidult für jedes Alter Unterhaltung und Spaß. Ein Münchner Klassiker, den man sich nicht entgehen lassen sollte. Öff-nungszeiten: tägl. 10:00–20:00 Uhr.

Mariahilfplatz | Anfahrt: alle S-Bahnen, Haltestelle: Rosenheimer Platz
(Gehzeit zur Dult ca. 5 Min.), U1, U2, Haltestelle: Fraunhoferstr. oder Kolum-

busplatz (Gehzeit ca. 5 Min.), Tram 27, Haltestelle: Mariahilfplatz, Bus 52, 152,
Haltestelle: Mariahilfplatz | www.auerdult.de

KiKS – Kinder-Kultur-Sommer *(diverse Stadtteile)*

Für Kinder ab 5

Mit dem Kürzel KiKS verbinden sich Kulturprogramme von, mit und für Kinder von 5 bis 15 Jahren und Familien und Schulen in Museen und museumspädagogischen Einrichtungen, auf öffentlichen Spielplätzen und Parks, in Schulen und Turnhallen, in Jugendkunstschulen, Umweltstationen, Bibliotheken, Theater- und Konzerthallen, in Kindertageseinrichtungen, auf der Straße, in der Universität – den ganzen Sommer über.

An ganz vielen Plätzen in der Stadt | Juni–September
www.kiks-muenchen.de

Kletterhalle Heavens Gate – Sommerkurse *(Haidhausen)*

Für Kinder ab 6

In der Kletterhalle Heavens Gate finden zahlreiche Ferienkurse für die kleinen Anfänger statt, die das Klettern ausgiebig testen und erlernen wollen. Aber auch für die Profis unter den Klettermaxen werden Ferienkurse angeboten, bei denen die Kleinen die Möglichkeit haben, ihr Können noch zu verbessern. Die verschiedenen Sommerkurse und Preise können Sie direkt über die Homepage erfahren. Öffnungszeiten: 10:00-23:00 Uhr.

Grafinger Straße 6, Tel. 089/2 00 03 07-0 | Anfahrt: S1, S2, S3, S4, S6, S7, S8, U5,
Bus: 9410, 54, 55, 100, 145, 152, 155, 187, 213, Tram: 19, Haltestelle: Ostbahnhof
www.kletternmachtspass.de

Kulturstrand *(Schwabing)*

Für Kinder ab 3

Hier gibt es wunderbares Kinderprogramm und Erwachsenenkultur. Wir können Prosecco schlürfen, während unsere Kleinen buddeln oder sich dem Kinderprogramm hingeben! Öffnungszeiten: Mai–August tägl. 12:00-23:00 Uhr.

Fast ein bisschen Urlaub am Kulturstrand

Professor-Huber-Platz | Anfahrt: U3, U6, Bus 154, Haltestelle: Universität
www.kulturstrand.org

Kutschfahrten

Für Kinder ab 3
Eine wirklich außergewöhnliche Unternehmung ist eine Kutschfahrt durch München, hier gibt es verschiedene Möglichkeiten. Die vielleicht schönsten haben wir hier aufgelistet:

Pferdekutschenfahrten durch den Englischen Garten

Fahrten bei gutem Wetter ab Mittag, der ständige Standplatz der Kutschen ist am Chinesischen Turm im Englischen Garten. Bürozeiten: tägl. 10:00–12:00 Uhr.

Kutscherei Holzmann, Schwere-Reiter-Str. 22, Tel. 089/18 06 08 | Anfahrt: U3, U6, Haltestelle: Giselastr., Tram 17, Haltestelle: Tivolistr., Bus 54, 154, Haltestelle: Chinesischer Turm | www.kutschen-muenchen.de, www.chinaturm.de

Kutschfahrten durch den Ostpark und zur Josephsburg oder zum Truderinger Wald

Bitte über die Website oder telefonisch buchen. Es gibt verschiedene Fahrten, auch Themenfahrten, wie z. B. „Film und Fernsehen".

Kutscherei Markus Wimmer, 85664 Hohenlinden, Neupullach 27, Tel.
0 81 24/50 58 | www.kutscher-max.de

LILALU-Sommerfest *(diverse Stadtteile)*

Für Kinder ab 4

Bei LILALU erleben Münchner Kinder, was es bedeutet, in die Welten von Theater, Tanz, Musik, Zirkus und Sport einzutauchen. In den ganztags-be-treuten Workshops, welche in allen bayerischen Ferien stattfinden, trainie-ren Profiartisten und Künstler die jungen Teilnehmer, und diese stärken vor allem auch ihre sozialen Kompetenzen. Die Ziele des Vereins sind es, päda-gogisch und künstlerisch hochwertige Bildungs- und Ferienprogramme für Kinder, Jugendliche und Familien mit und ohne Migrationshintergrund zu organisieren und kostengünstig bzw. für einkommensschwache Familien kostenfrei anzubieten.

Leonrodstr. 10, Tel. 01 80/1 54 52 58 | www.lilalu.org

Die große Gala von LILALU

Magdalenenfest *(Neuhausen)*

Für Kinder ab 3

Das alljährlich stattfindende Magdalenenfest im Hirschgarten ist eine zauberhafte Dult, die man nicht verpassen sollte. Dieses Sommerfest findet immer im Juli statt. Es liegt sehr idyllisch im Park und gleich in der Nähe vom Biergarten „Hirschgarten". Das kleine Volksfest bietet Markstände, Kasperltheater und diverse Fahrgeschäfte. Mittwochs ist Familientag mit ermäßigten Preisen. Öffnungszeiten: tägl. 10:00–22:20 Uhr.

Im Hirschgarten | Anfahrt: alle S-Bahnen (außer S7), Haltestelle: Laim (Gehzeit 10–15 Min.), Bus 32, 83, Haltestelle: Romanplatz, Bus 41, 65, 69, Haltestelle: Hirschgartenallee

Maidult *(Au)*

Für Kinder ab 3

Die unvergleichliche Münchner Mischung aus Volksfestgaudi, Einkaufsparadies und Genießertreff macht die Maidult zu einem beliebten Treffpunkt für Groß und Klein! Öffnungszeiten: tägl. 10:00–20:00 Uhr.

Mariahilfplatz | Anfahrt: alle S-Bahnen, Haltestelle: Rosenheimer Platz (Gehzeit zur Dult ca. 5 Min.), U1, U2, Haltestelle: Fraunhoferstr. oder Kolumbusplatz (Gehzeit ca. 5 Min.), Tram 27, Haltestelle: Mariahilfplatz, Bus 52, 152, Haltestelle: Mariahilfplatz | www.auerdult.de

Die Maidult, ein Volksfest

Rikschafahrten *(diverse Stadtteile)*

Für Kinder ab 8 Wochen

München einmal auf einer Fahrt mit der Riksha entdecken? Die Pedalhelden machen es möglich. Hier gibt es viele unterschiedliche Möglichkeiten und Touren. Auch Bikes zum Selberfahren, wie z.B. das „Babboe Bike", in das sogar ein „MaxiCosi" passt, gibt es.

Müllerstr. 6, Tel. 089/24 21 68 80 | www.pedalhelden.de

Skaterbahn *(Nymphenburg)*

Für alle Kinder, die sich trauen

Die 880 qm große Skaterbahn wurde 2010 eingeweiht und ist eine High-Level-Bahn. also etwas für die Profis unter unseren Helden. Zu finden ist die Anlage zwischen Hirschgarten und Pionierpark.

Anfahrt: S1, S2, S3, S4, S6, S8, Bus 152 Haltestelle: Hirschgarten

Mit Pedalhelden durch die Stadt

Sommerferien-Leseclub *(ganz München)*

Für Kinder ab 7

Ab Juli können Kids von 7 bis 12 Jahren und Teens von 10 bis 14 Jahren in der ganzen Stadt gleichzeitig im Sommerferien-Leseclub mitfiebern. Leseanfänger und Schmökerprofis finden in jeder Stadtteilbibliothek eine andere spannende Auswahl toller Bücher. Wer Lust hat, kann sogar sofort im Leseclub-Webblog loslegen, seine Tops oder Flops posten und mit anderen über Ferien-Favoriten diskutieren. Auf Rätselspezialisten warten zudem knifflige Quizfragen zu jedem Leseclub-Buch. Pro Buch gibt es einen Stempel für die richtige Lösung. Schon mit drei Stempeln im Clubausweis ist das Gästeticket für die große Leseclub-Abschlussparty gesichert. Für Teens steigt sie mit einigen Highlights am 17.9. um 17 Uhr in der BlackBox im Gasteig, für Kids in ihrer jeweiligen Stadtteilbibliothek mit besonderem Programm. Unter allen Clubmitgliedern werden darüber hinaus die echten Sommer-Lesechampions ausgewählt und bei der öffentlichen Siegerehrung auf der Abschlussparty mit attraktiven Preisen ausgezeichnet. Das aktuelle Programm können Sie in Ihrer Stadtteilbibliothek erfahren. In vielen Bibliotheken in der ganzen Stadt.

www.muenchner-stadtbibliothek.de

Spielnachmittage und -abende *(diverse Stadtteile)*

Für Kinder ab 3

Für die ganze Familie und überall in der Stadt! Immer sonntags von Mai bis Ende Oktober bietet das Freizeitsportteam des Sportamts bei gutem Wetter an verschiedenen Orten (Ostpark, Westpark, Landschaftspark Riem, Fußgängerzone) Spielnachmittage an. Im Winter finden im Westpark Winterspielnachmittage statt. Hier können sich Kinder (und Eltern) auf Riesenerdbällen, Hüpfburgen, Stelzen, Pedalos und vielem mehr austoben. Die genauen Veranstaltungsorte und Zeiten gibt's unter der angegebenen Web-Adresse.

Referat für Bildung und Sport – Freizeitsport, Sachsenstr. 2, Tel. 089/ 44 48 82 87-21 |www.muenchen.de/Rathaus/scu/sport/angebote/freizsport/ spielenach/index.html

Spielstadt Mini-München
(Milbertshofen – Olympiapark)

Für Kinder von 7 bis 15

Mini-München ist eine Stadt der Kinder, in der es zum Teil wie in einer richtigen Stadt zugeht. Die Stadt wird von Kindern und Jugendlichen unter Mitwirkung von Erwachsenen betrieben und verwaltet. Grundlage dazu sind die Mini-München-Spielregeln. Eine Anmeldung für Mini-München ist nur für Gruppen erforderlich. Die Kinder können kommen und gehen, wann sie wollen. Den genauen Lageplan entnehmen Sie bitte der Homepage. Öffnungszeiten: 31. Juli–18. August 2012, tägl. 11:00 – 17:00 Uhr.

Olympiapark | Anfahrt: U3, Bus 173, Haltestelle: Olympiazentrum
www.mini-muenchen.info

Stadtführung *(Innenstadt)*

Für Kinder ab 6

Treffpunkt und Tourstart ist am Marienplatz unter dem Glockenspiel vor dem neuen Rathaus. Der Tourleiter hat ein gelbes Münchner Stadtführungsschild mit roter Schrift. Buchbar über die Touristinfo. Für die Fahrradtouren sollte ein eigenes Rad mitgebracht werden! Details siehe Homepage.

Tel. 089/24 23 17 67 | Anfahrt: S1, S2, S3, S4, S6, S7, S8, U3, U6, Tram 19, Bus 52,
Haltestelle: Marienplatz | www.munichwalktours.de

Tollwood Sommerfestival
(Milbertshofen – Olympiapark)

Für Kinder ab 3

Für 25 Tage im Sommer lädt das Tollwood Kinder, Musik-Fans, Kulturinteressierte und Flaneure in den Olympiapark ein. Ein Highlight ist das Kinderzelt gegenüber der Strandbar. Riesiges Angebot mit wechselndem Programm!

Anfahrt: Tram 20, 21, N20, Haltestelle: Goethe-Institut, Tram 12, Bus 53, 154,
Haltestelle: Infanteriestr., Bus 154, Haltestelle: Elisabeth-Korn-Str.
www.tollwood.de

Faszinierende Welten auf dem Tollwood

Wasserspielplätze

Für fast jedes Alter geeignet
Badesachen, Wechselkleidung und Handtuch nicht vergessen!

Westpark *(Untersendling)*

Im Ostteil des Westparks finden Sie am „Jackl" ein echtes Spielplatz-Paradies!
Dort steht ein riesiges hölzernes Klettergerüst, um das sich ein Wassergraben
zieht. Für die Röhrenrutsche brauchen die Kleinen ein wenig Mut. Rundherum
zieht sich ein Steinwall mit Kletterwänden und Rampe, es gibt Bambus-Laby-
rinthe und Bachläufe zum Dammbauen und Schifferlfahrenlassen. Besonderes Merkmal vom Wasserspielplatz im Westpark München sind die künstlich
angelegten Wildbäche mit vielen Schleusen, die die Kinder selbstständig be-
dienen können. Direkt daneben ist auch ein Kiosk mit Imbiss.

Pressburger Str. | Anfahrt: U6, Bus 133, Haltestelle: Westpark

Hirschgarten *(Neuhausen)*

Der Spielplatz ist sehr schön mitten im Hirschgarten gelegen. Ganz in der
Nähe finden sich ein Biergarten, ein Wildgehege sowie weitere Spielplätze.

Hirschgarten | Anfahrt: Bus 152, Haltestelle: Steubenplatz

Lucia-Popp-Bogen *(Aubing)*

Ecke Alte Allee und Lucia-Popp-Bogen findet man auch am Stadtrand einen wunderschönen Wasserspielplatz mit Bachlauf mit Felsenlandschaft und Kletterburg.

Lucia-Popp-Bogen | Anfahrt: Bus 56, 143, Haltestelle: Alte Allee

Ostpark *(Neuperlach)*

Im Ostteil findet man einen kleinen Wildbach, für Staudammbauer ein plätscherndes Paradies. Im Westteil gibt es ein erfrischendes Wasserlabyrinth, und Modellbootprofis können hier ihre Schiffe flitzen lassen!

Feichtstr. 19 | Anfahrt: Bus 195, Haltestelle: Heinrich-Wieland-Str.

Petuelpark *(Milbertshofen/Schwabing)*

Ein Picknick auf der Wiese, schlendern auf den Promenaden oder Kunst genießen – und das auf einer Fläche von rund 7,4 Hektar. Drei Plätze im Park laden Alt und Jung zum Verweilen, Spielen, Erleben und Ausruhen ein. Darunter auch ein Wasserspielplatz.

Anfahrt: U2, Haltestelle: Milbertshofen

Servetstraße *(Allach)*

Ein kleiner, aber sehr feiner Wasserspielplatz findet sich hier in Allach. Direkt dahinter fließt die Würm. Einige Meter weiter gibt es auch direkt an der Würm ausgebaute Gelegenheiten für Kinder, im Wasser zu planschen. Idyllisch und schräg gegenüber liegt der Biergarten „Schießstätte" mit einem Spielplatz und Liegestühlen für die Großen!

Paul-Ehrlich-Weg/Servetstr. | Anfahrt: Bus 164, Haltestelle: Servetstr.
www.schiessstaette-allach.de

Das Gruseleinmaleins des Babyalltags

FRANZISKA PÖRSCHMANN

RABENMÜTTER AN DIE WINDELN

O.SKAR VERLAG

Jetzt als Hörbuch

„Rabenmütter" ist den Heldinnen der Verzweiflungstat gewidmet: Windeln, wenig Sex und andere Katastrophen – einer Generation von Müttern, deren Leben gar nicht überspitzt genug dargestellt werden kann.

ISBN 978-3-938389-67-6

1 CD

www.oskar-verlag.de

O.SKAR VERLAG

Herbst/Winter

Eislaufen

Stachus *(Innenstadt)*

Für Kinder ab 3

Von Ende November bis Ende Januar kann man hier tägl. seine Runden ziehen. Für Anfänger stehen Laufhilfen in verschiedenen Größen zur Verfügung. Für musikalische Unterhaltung und kulinarische Verköstigung ist auch ausreichend gesorgt.

Extra: Kindergärten und Schulen können nach telefonischer Reservierung Mo.–Fr. während Block 1 und 2 zum günstigen Gruppentarif fahren.

Schlittschuhverleih: 5 € pro Block und 30 € Pfand oder Hinterlegung des Ausweises.

Eintrittspreise: Block 1, 10:00–13:30 Uhr: Erwachsene 4 €, Kinder 3 €; Block 2, 13:30–16:00 Uhr: Erwachsene 4,50 €, Kinder: 4 €; Block 3, 16:30–19:00 Uhr: Erwachsene: 5,50 €, Kinder 4,50 €; Block 4, 19:30–22:00 Uhr: Erwachsene: 7 €, Kinder 5,50 €. Öffnungszeiten: tägl. 10:30–22:00 Uhr.

Karlsplatz (Stachus), vor dem Rondell, Tel. 089/24 24 16 88 | Anfahrt: S1–S8, U4, U5, Haltestelle: Karlsplatz/Stachus | www.muenchnereiszauber.de

Prinzregentenstadion *(Bogenhausen)*

Für Kinder ab 3

Mit einer 30 x 60 m großen Open-Air-Eisfläche, Musik, einem Schlittschuhverleih und Flutlicht. Für Kinder sind Eislaufhilfen vorhanden. Ein Außenkiosk und das Restaurant „Aquamarin" mit Blick auf die Eisfläche verpflegen Besucher und Sportler mit Speisen und Getränken.

Prinzregentenstr. 80, Tel. 089/23 61-50 50 | Anfahrt: U4, Bus 54, 100, Haltestelle: Prinzregentenplatz, Tram 18, Haltestelle: Friedensengel

Holiday on Ice

Eis- und Funsportzentrum Ost *(Neuperlach)*

Für Kinder ab 3

Auch hier: Frei-Eisanlagen mit Eishockey-Feld, Flutlicht, Musik, Schlittschuh-verleih und Restaurant. Außerdem: 400 m lange Rundlaufbahn. Jeden Do. von 20:00–22:00 Uhr ist Disco-Lauf.

Staudinger Str. 17, Tel. 089/63 01 91 47 | Anfahrt: U5/U8, Haltestelle: Michaelibad

Eis- und Funsportzentrum West *(Pasing)*

Für Kinder ab 3

Ebenso hier: Frei-Eisanlagen mit Eishockey-Feld, Flutlicht, Musik, Schlittschuh-verleih und Restaurant. Disco-Lauf an jedem Fr. von 20:00–22:00 Uhr.

Agnes-Bernauer-Str. 241, Tel. 089/89 68 90 07 | Anfahrt: Tram 19, Bus 72, Haltestelle: Westbad

Olympia-Eissportzentrum *(Milbertshofen)*

Für Kinder ab 4

Diesmal drinnen: Indoor-Eisfläche. Für den Eiskunstlauf werden Unter-richtseinheiten angeboten, um schwierige Kürelemente zu erlernen. Drei-mal die Woche lernt auch der Anfänger das Kurven schnell zu Rock und Pop, denn mit Musik macht das Ganze gleich noch viel mehr Spaß

Extra: Familieneislaufen jeden 1. und 3. Sonntag im Monat mit Mitmach-aktionen für Eiskunstlauf oder Eishockey. Schlittschuhe können geliehen werden. Eintritt: Erwachsene 4 € und Kinder 2,80 €.. Öffnungszeiten: Okto-ber–April tägl. 10:00–12:00 Uhr + 14:00–16:00 Uhr; Trainingshalle Mi.–So. 20:00–22:00 Uhr.

Willy-Daume-Platz 1, Tel. 089/30 67 21 50 | Anfahrt: U3, Haltestelle: Olympia-zentrum | www.olympiapark-muenchen.de

Nymphenburger Kanal *(Neuhausen/Nymphenburg)*

Für Kinder ab 3

Sobald das Thermometer unter null Grad fällt, verwandelt sich die Gegend um den Nymphenburger Kanal in ein Winterparadies. Auf den zugefrorenen

Flächen tummeln sich Schlittschuhläufer, Eisstockschützen und Eishockey-spieler. Imbissbuden locken mit heißem Glühwein, Punsch und Kakao. Nur die Fahrt in dem Rondell kostet ein wenig Geld, ansonsten besteht freie Fahrt! Schlittschuhe können hier ausgeliehen werden.

Anfahrt: U1, Haltestelle: Gern

Hallenbäder

Cosimawellenbad *(Bogenhausen)*

Im Cosimawellenbad kann man einen feucht-fröhlichen Kindergeburtstag feiern, wenn gewünscht, sogar mit Geburtstagsanimation – der besondere Partyspaß jeden Samstag um 13:00, 15:00 und 17:00 Uhr! Yeah! Da liegen Schätze auf dem Boden, die entdeckt werden müssen, auf Pool-Nudeln und Schwimmbrettern reiten die Kinder auf den Wellen um die Wette, ein Hindernisparcours muss überquert werden, oder die Geburtstagsfische tauchen wie Delfine durch Reifen. Eine Party ganz nach dem Geschmack der lieben Kleinen und völlig wetterunabhängig.

Cosimastr. 5 | Anfahrt: U4, Bus 185, Haltestelle: Arabellapark, Bus 59, 154, 184, 189, Haltestelle: Cosimapark

Bad Forstenrieder Park *(Forstenried)*

Stäblistr. 27 b | Anfahrt: Bus 133, 151, Haltestelle: Stäblistr., Bus 134, Haltestelle: Bad Forstenried

Bad Giesing-Harlaching *(Giesing)*

Klausener Str. 22 | Anfahrt: U1, Bus 147, Haltestelle: St.-Quirin-Platz, Tram 15, 25, Haltestelle: Kurzstr.

Dante-Winterwarmfreibad *(Neuhausen)*

Bei Schneetreiben und eisigen Temperaturen können Sie im Dante-Winter-Warmfreibad ohne zu frieren unter freiem Himmel schwimmen und plan-schen.

Im Stömungskanal

Postillonstr. 17 | Anfahrt: U1, Tram 20, 21, Bus 151, 164, 165, Haltestelle: West-friedhof

Michaelibad *(Ramersdorf)*

Heinrich-Wieland-Str. 24 | Anfahrt: U5, Bus 195, 199, Haltestelle: Michaelibad

Müller'sches Volksbad *(Haidhausen)*

Baden wie die alten Römer.

Rosenheimer Str. 1 | Anfahrt: S1–S8, Tram 17, Haltestelle: Isartor, Tram 18, Hal-testelle: Deutsches Museum, Bus 132, Haltestelle: Ludwigsbrücke

Nordbad *(Schwabing)*

Ein besonderes Erlebnis im Nordbad: Das warme Außenbecken mit Sprudel-liegen, Massagedüsen und Strömungskanal bietet bei jedem Wetter Bade-freuden im Freien.

Schleißheimer Str. 142 | Anfahrt: U2, Haltestelle: Hohenzollernplatz, Tram 12, 27, Bus 53, 154, Haltestelle: Nordbad

Olympia-Schwimmhalle *(Milbertshofen)*

Coubertinplatz 1 | Anfahrt: U3, Bus 173, Haltestelle: Olympiazentrum, Bus 154, Haltestelle: Ackermannbogen, Bus 50, Haltestelle: Olympiapark Nord, Tram 20, 21, Haltestelle: Olympiapark West

Südbad *(Sendling)*

Eine der Hauptattraktionen im neuen Südbad ist das Wellnessbecken im Außenbereich: Direkt vor der raumhohen Glasfassade bietet es Badespaß bei jedem Wetter – mit Strömungskanal, Sprudelliegen, Sprudeltopf, Massage- und Nackenduschen.

Valleystr. 37 | Anfahrt: S7, S27, Bus 53, 54, 132, 134, Haltestelle: Harras, U3, U6, Bus 132, Haltestelle: Implerstr.

Westbad *(Pasing)*

Mit wirklich großer Wasserrutsche, Strömungskanal und warmem Außenbecken!

Weinbergerstr. 11 | Anfahrt: Tram 19, Bus 57, Haltestelle: Westbad

Münchner Bücherschau *(Innenstadt)*

Für Kinder von 4 bis 14
November im Gasteig, März im Münchner Stadtmuseum.
Kinder- und Jugendbuchausstellung und Lesungen, Spiel- und Aktionsprogramme rund ums Buch. Besonders im Gasteig steht 18 Tage lang alles ganz im Zeichen des Buches – auch des Kinder- und Jugendbuches! Im zweiten Obergeschoss stellen rund 70 Verlage ihre Kinder- und Jugendbücher aus, flankiert von Themenausstellungen und Veranstaltungen. Es gibt Musicals und Mitmachaktionen, den Elternvorlesewettbewerb und Lesungen mit bekannten Autoren oder Sprechern wie Andreas Steinhöfel, Paul Maar, Ralph Caspers, Erhard Dietl u. v. a. Komplettiert wird das Angebot durch ein engagiertes und buntes Mitmachprogramm von Kultur & Spielraum mit offenen Werkstätten des Verlages Bunt & Vielfalt, Aktionen und Ausstellungen rund um das Thema „Dinge" und gemütlichen (Vor-)Lesesesseln.

Bei der Bücherschau gibt es einen großen Kinderbereich.

Eltern-Tipp: Ein Besuch auf der Münchner Bücherschau ist ein Event für die ganze Familie! Eltern haben Zeit für sich, um in der großen Buchausstellung mit rund 20 000 Neuerscheinungen, Best- und Longsellern zu schmökern und die Sprösslinge ihr Programm! Eintritt in die Buchausstellung und zu manchen Veranstaltungen ist frei! Ansonsten Kartenvorverkauf bei München-Ticket und bei allen bekannten Vorverkaufsstellen. Mehr Informationen zu Programm findet man auf der Homepage. Öffnungszeiten: tägl. 8:00–23:00 Uhr

Gasteig, Rosenheimer Str. 5 | Anfahrt: S1–S8, Tram 15, 25, Haltestelle: Rosenheimer Platz, Tram 18, Haltestelle: Am Gasteig
www.muenchner-buecherschau.de

Oktoberfest *(Theresienhöhe)*
❄ 🅿 € € €
Für Kinder ab 4
Die jährlich stattfindende Wiesn ist eines der größten Volksfeste der Welt. Ab Ende September werden hier für gute zwei Wochen Kinderträume wahr. Um dem finanziellen Ruin zu entgehen, empfehlen wir die Familientage, die immer dienstags sind. Fahrgeschäfte und Buden bieten zwischen 12:00 und 18:00 Uhr ermäßigte Preise an.

Theresienwiese | Anfahrt: U4, U5, Haltestelle: Theresienwiese oder Schwanthalerhöhe, Bus 53, Haltestelle: Schwanthalerhöhe, Bus 58, Haltestelle: Georg-Hirth-Platz oder Goetheplatz, Bus 131, 132, Haltestelle: Hans-Fischer-Str. oder Poccistr., Bus 134, Haltestelle: Theresienhöhe oder Alter Messeplatz, Tram 18, 19, Haltestelle: Holzapfelstr. oder Hermann-Lingg-Str. www.oktoberfest.de

Rodeln

Für alle Winterflitzer, die sich trauen!

Aubinger Lohe *(Lochhausen)*

Die Aubinger Lohe im Münchner Westen ist ein absolutes Highlight für Rodelmäuse jeden Alters. Die aufgeschütteten Hügel sorgen mit rasanten Abfahrten für temporeichen Spaß und Schmetterlinge im Magen. Wegen der steilen Pisten finden hier auch erfahrene Bobfahrer ihre Herausforderung.

Aubinger-Loh-Weg 1 | Anfahrt: S3, Haltestelle: Lochhausen

Olympiaberg *(Milbertshofen – Olympiapark)*

Hier findet jeder Schlittenpilot die passende Abfahrt. Der höchste Hügel der Stadt bietet abwechslungsreiche Pisten: sanft abfallende Hänge für alle, die

Erst den Berg hinunterflitzen ...

... dann eine Schneeballschlacht

Schlitten und Bob erst mal kennenlernen wollen, und steile Abfahrten für diejenigen, die gerne rasend schnell über den Schnee sausen.

Anfahrt: U3, Bus 173, Haltestelle: Olympiazentrum, Bus 154, Haltestelle: Acker-mannbogen, Bus 50, Haltestelle: Olympiapark Nord, Tram 20, 21, Haltestelle: Olympiapark West

Luitpoldhügel *(Schwabing-West)*

Ein Schuttberg aus dem 2. Weltkrieg, aber schon beim Bau des Hügels plan-te man eine Rodelbahn mit ein, und da der Hang Richtung Norden zeigt, hat man hier gute Chancen, noch Schnee zu finden, wenn an anderen Orten bereits die Schmelze begonnen hat. Hier gibt es steile Abfahrten, und Neu-linge auf dem Schlitten können mit sanften Rutschpartien sich erst einmal ans Thema Schlittenfahren gewöhnen.

Voelderndorffstr. 1 | Anfahrt: U2, U3, Tram 12, Haltestelle: Scheidplatz

Monopteros-Hügel *(Schwabing)*

Hier im Englischen Garten haben die Kleinsten ihre Freude, denn die Hänge sind nicht so lang. Spaß ist trotzdem garantiert!

Englischer Garten 1 | Anfahrt: U3, U6, Bus 53, 54, 144, Haltestelle: Universität

Neuhofer Berg *(Sendling)*

Am Neuhofer Berg trifft sich alles beim Schlittenfahren: Anfänger und Fort-geschrittene rodeln hier mit verschiedenen Schwierigkeitsgraden. Ein Teil der Abfahrten ist sanft und nur leicht abfallend – also ideal für Kleinkinder. Erfahrene Rodler dürften sich wohl eher für die knackigeren Hänge interes-sieren.

Alois-Johannes-Lippl-Weg 1 | Anfahrt: Bus 134, Haltestelle: Steinerstr.

Ostpark *(Neuperlach)*

Der Hügel mit viel Abwechslung: Hier findet man lange, sanfte Abfahrten zum entspannten Schlittenfahren sowie steile Hänge für schnelle Zipfel-mäuse.

Feichtstr. 19 | Anfahrt: U5, Haltestelle: Michaelibad

Pasinger Stadtpark *(Pasing)*

Hier kann man auf einen Sprung vorbeikommen. Diese Rodelbahn verdankt München der Autobahn. Mit dem Bau der A96 entstand im Pasinger Stadt-park ein neuer Hügel, der im Winter zum Rodelberg wird. Abfahrten mit Huckeln sorgen für den einen oder anderen Sprung oder Popoweh!

Hugo-Fey-Weg 1 | Anfahrt: Bus 56, 57, 161, Haltestelle: Planeggerstr.

Riemer Park *(Neue Messe Riem)*

Bis zu 22 m hoch erheben sich die Hügel. Bei guter Wetterlage kann man beim Aufstieg den Blick in die Alpen genießen.

De-Gasperi-Bogen | Anfahrt: U2, Haltestelle: Messestadt-Ost

Westpark *(Sendling)*

Viele Hügel mit mehr oder weniger kurzen Abfahrten sorgen im Westpark für viel Abwechslung beim Rodeln. Das Highlight sind zweifelsfrei jedoch die Hänge am großen Berg im Westen des Parks. Auf den langen Pisten kann man Schlitten und Bobs auf ihre Belastbarkeit prüfen.

Alfred-Ludwig-Weg | Anfahrt: U6, Haltestelle: Westpark

Schloss Nymphenburg *(Nymphenburg)*

Wie die Könige und Kurfürsten in Nymphenburg, Schleißheim und in der Residenz lebten, erfährt man bei den Familienführungen. Öffnungszeiten: Oktober–März tägl. 10:00 –16:00 Uhr, April–September tägl. 8:00–18:00 Uhr.

Schloss- und Gartenverwaltung Nymphenburg | Schloss Nymphenburg, Eingang 19, Tel. 089/1 79 08-0 | Anfahrt: Tram 12, 17, Bus 51, Haltestelle: Schloss Nymphenburg

Tollwood Winterfestival *(Theresienhöhe)*

Für Kinder ab 4

Sinnlichkeit, Lebensfreude und Ideen für eine bessere Welt! Eine gute Tradition auf dem Tollwood ist, dass 75 Prozent der Veranstaltungen kostenlos

Lichtspiele beim Winter-Tollwood

angeboten werden, so zum Beispiel das Kinderprogramm. Jährlich von Ende November bis Ende Dezember!

Theresienwiese | Anfahrt: U4, U5, Haltestelle: Theresienwiese oder Schwanthalerhöhe, Bus 53, Haltestelle: Schwanthalerhöhe, Bus 58, Haltestelle: Georg-Hirth-Platz oder Goetheplatz, Bus 131, 132, Haltestelle: Hans-Fischer-Str. oder Poccistr., Bus134, Haltestelle: Theresienhöhe oder Alter Messeplatz, Tram 18, 19, Haltestelle: Holzapfelstr. oder Hermann-Lingg-Str. | www. tollwood.de

Weihnachtsmärkte *(diverse Stadtteile)*

In der Adventszeit leuchten überall in München die Kinderaugen!

Blutenburger Weihnachtsmarkt *(Obermenzing)*

Ein kleiner, aber feiner Weihnachtsmarkt mit viel Kunsthandwerk und Live-Musik.

Seldweg 15 | Anfahrt: Bus 143, Haltestelle: Blutenburg

Bogenhausener Weihnachtszauberwald *(Bogenhausen)*

Auf der Kulturbühne geben Künstler Musikstücke und Märchen aus aller Welt zum Besten, 500 beleuchtete Weihnachtsbäume erstrahlen hier, und sogar Feuerakrobaten gibt es zu bestaunen.

Am Rosenkavalierplatz 1 | Anfahrt: U4, Haltestelle: Arabellapark

Weihnachtsmarkt am Sendlinger Tor *(Innenstadt)*

Besonders schön ist es hier, unter dem hell erleuchteten historischen Sendlinger Tor über den Markt zu schlendern.

Sendlinger Tor | Anfahrt: U1, U2, U3, U6, Bus 152, Tram 16, 18, 27, Haltestelle: Sendlinger Tor

Haidhauser Weihnachtsmarkt *(Haidhausen)*

Hier geht es familiär und gemütlich zu. Besonderheit: Künstler aus dem Südtiroler Ultental.

Weißenburger Platz | Anfahrt: S1, S2, S3, S4, S6, S7, S8, Tram 15, 25, Haltestelle: Rosenheimer Platz

Krippenmarkt am Rindermarkt *(Innenstadt)*

Ganz in der Nähe vom Marienplatz findet man den wunderschönen Kripperlmarkt.

Rindermarkt | Anfahrt: S1, S2, S3, S4, S6, S7, S8, U3, U6, Bus 52, Tram 19, Haltestelle: Marienplatz

Mittelaltermarkt *(Maxvorstadt)*

Wer in der Vorweihnachtszeit über den Mittelaltermarkt schlendert, wird um Jahrhunderte zurückversetzt. Hier begegnen einem Ritter, reizende Edelfrauen und fleißige Knappen. Zur Unterhaltung tragen Gaukler, Spielleute und Handwerker bei.

Wittelsbacher Platz | Anfahrt: U3, U4, U5, U6, Bus 100, Haltestelle: Odeonsplatz

Neuhauser Weihnachtsmarkt *(Neuhausen)*

Klein, aber fein!
Rotkreuzplatz | Anfahrt: U1, Bus 53, 133, 152, Tram 12, Haltestelle: Rotkreuzplatz

Pasinger Weihnachtsmarkt *(Pasing)*

Auch klein und auch fein. Achtung: nur am Wochenende geöffnet!

Schererplatz, vor der Kirche Maria Schutz | Anfahrt: Tram 19, Haltestelle: Offenbachstr.

Pink Christmas *(Glockenbachviertel)*

Schrill, pink, offen, herzlich und ausgefallen geht es auf dem schwul-lesbischen Weihnachtsmarkt zu. Mal wirklich etwas anderes.

Stephansplatz | Anfahrt: Tram 17, 18, 27, Haltestelle: Müllerstr.

Schwabinger Weihnachtsmarkt *(Schwabing)*

Hier ist Schwabing noch Schwabing. Münchner Künstler bieten hier ihre Werke und ausgefallene Waren auf dem wirklich großen Weihnachtsmarkt an.
Extra: Das vielseitige Kulturprogramm, das auf dem Areal direkt an der Münchner Freiheit angeboten wird.

Münchner Freiheit | Anfahrt: U3, U6, Bus 53, 54, 144, Haltestelle: Münchner Freiheit

Weihnachtsmarkt am Chinesischen Turm *(Schwabing)*

Der Englische Garten bietet eine traumhafte Kulisse für den Weihnachtsmarkt. Hier gibt es übrigens ein nostalgisches Karussell. Juchhu!

Englischer Garten 3 | Anfahrt: Bus 54, 154, Haltestelle: Chinesischer Turm, Tram 17, Haltestelle: Tivolistr., U3, U6, Haltestelle: Giselastr.

Weihnachtsdorf im Kaiserhof der Residenz *(Innenstadt)*

Besuchen Sie das altertümliche Weihnachtsdorf samt Märchenwald, Glockenturm und lebensgroßer Krippe, Ihre Kinder werden juchzen!

Max-Josephs-Platz 3 | Anfahrt: U3, U4, U5, U6, Bus 100, Haltestelle: Odeonsplatz, Tram 19, Haltestelle: Nationaltheater

Weihnachtsmarkt auf der Praterinsel *(Lehel)*

Auf der Praterinsel wartet der Weihnachtsmarkt direkt an der Isar.

Praterinsel 3–4 | Anfahrt: U4, U5, Haltestelle: Lehel

Auch auf dem Marienplatz ist ein Weihnachtsmarkt.

Winterspielplatz *(Innenstadt)*

Für Kinder von 0 bis 3

Ein Indoor-Spielplatz mitten in der Stadt: Die Idee des Winterspielplatzes entstand auf einem Spielplatz im Sommer. Wo im Sommer das Leben tobt, Kinder ihren Bewegungsdrang ausleben können, ist im Winter gähnende Leere. Weil alle hier drinnen sind: Auf über 400 qm gibt es ausreichend Platz zum Spielen, Kuscheln, Lesen, Brotzeitmachen, Windelnwechseln, Stillen und Kinderwagenparken. Unterschiedliche Themenbereiche laden zum Spielen ein. Damit sich auch Eltern und Großeltern im Winterspielplatz in München wohl fühlen, wurde ein Café eingerichtet, von dem die Erwachsenen ihre Kinder immer gut im Blick haben. Kaffee und Tee stehen zur Verfügung, eine Brotzeit kann mitgebracht werden. Da der gesamte Spielbereich nicht mit Straßenschuhen betreten werden darf, sind Hausschuhe oder dicke Socken empfehlenswert.

Holzstr. 9, Tel. 089/44 49 97 20 | Anfahrt: U1, U2, U3, U6, Bus 152, Tram 16, 17, 27, Haltestelle: Sendlinger Tor | www.winterspielplatz-muenchen.de

Taxi im Winterspielplatz

Der *Rabenmütter Verlag* ist den Heldinnen der Verzweiflungstat gewidmet!

RABEN
MÜTTER
VERLAG

Besuchen Sie uns auf Facebook:
www.facebook.com
Stichwortsuche Rabenmütter Verlag

Service

Elterntelefon – Nummer gegen Kummer

Frühe Hilfe für Eltern – vertraulich und gebührenfrei. Sprechzeiten: Mo. + Mi. 9:00–11:00 Uhr, Di. + Do. 17:00–19:00 Uhr

Tel. 08 00/1 11 05 50 | www.kinderschutzbund-muenchen.de/eltern/elternte-lefon.html

Familien-Notruf München *(Isarvorstadt)*

Der Familien-Notruf ist eine Beratungsstelle u.a. für Familien in Krisensitu-ationen. Der Regelsatz bei üblichen Einkommensverhältnissen beträgt 2 % des monatlichen Familiennettoeinkommens abzüglich 5 € für jedes Kind pro Sitzung. Die Beratungstermine finden nach telefonischer Vereinbarung statt.

Pestalozzistr. 46, Tel. 089/23 88 56-6 | Anfahrt: U1, U2, U3, U6, Tram 16, 18, 27, Bus 152, Haltestelle: Sendlinger Tor | www.familien-notruf-muenchen.de

Feriendatenbank der Stadt München

Hier findet man Ferienfahrten und (Halb-)Tagesaktionen für Kinder und Ju-gendliche. Alle Veranstalter sind gemeinnützige und anerkannte Träger der Jugendarbeit sowie das Stadtjugendamt München.

www.ferien-muenchen.de

Happy Birthday SOS *(Laim)*

Wenn mal gar nichts mehr geht und die Ideen einfach nicht kommen: Hier wird der Kindergeburtstag organisiert! Ein Happy-Birthday-Betreuer für maximal 8 Kinder kostet ca. 50 € pro Stunde.

Valpichlerstr. 19, Tel. 089/56 82 17 12 | Anfahrt: U5, Haltestelle: Friedenheimer-str. | www.happy-birthday-sos.de

Infofon

Infofon ist ein Informations- und Beratungstelefon von Jugenlichen für Ju-gendliche. Anonym und vertraulich werden Fragen von „Wann fährt der Nachtbus?" bis „Was ist heute los?" beantwortet oder über Themen wie Lie-beskummer, Einsamkeit, Ärger in der Familie, Drogenprobleme u. Ä. gespro-chen. Sprechzeiten: tägl. 18:00–22:00 Uhr.

Tel. 089/1 21 50 00, | www.1215000.de, www.info4mux.de

Internationale Apotheke *(Innenstadt)*
Öffnungszeiten: Mo.–Fr. 7:00–20:00 Uhr, Sa. 8:00–20:00 Uhr

Bahnhofplatz 2, Tel. 89/59 98 90 40 | Anfahrt: S1–S8, U1, U2, U4, U5, Tram 16, 19, 20, 21, Bus 58, Haltestelle: Hauptbahnhof
www.hauptbahnhofapo.de

Kids-Hotline *(deutschlandweit)*
Kids-Hotline ist eine Onlineberatung für alle Menschen bis 21 – anonym und kostenlos, rund um die Uhr, zu allen Fragen!

www.kids-hotline.de

Kinderärztlicher Notdienst *(Innenstadt)*
Elisenstr. 3, Tel. 089/55 17 71 | Anfahrt: S1–S8, U1, U2, U4, U5, Tram 16, 19, 20, 21, Bus 58, Haltestelle: Hauptbahnhof

Kinderbetreuung an den Adventssamstagen *(Innenstadt)*
Für Kinder von 2 bis 12
An den verkaufsoffenen Samstagen vor Weihnachten bietet die Jugendgruppe des BRK eine Kinderbetreuungsstelle in der Rathauskantine (Zugang über den Prunkhof) an. Hier können Kinder bauen, basteln und spielen. Für die ganz Kleinen steht ein Wickeltisch zur Verfügung. Es wird ein Unkostenbeitrag erhoben. Öffnungszeiten: Sa. im Advent 9:00–17:00 Uhr.

Anfahrt: S1, S2, S3, S4, S6, S7, S8, U3, U6, Bus 52, Tram 19, Haltestelle: Marienplatz

Kinderklinik Dritter Orden *(Nymphenburg)*
Franz-Schrank-Str. 8 | Notaufnahme Tel.: 089/17 95-11 87 | Anfahrt: Tram 17, Bus 143, Haltestelle: Botanischer Garten

Leihomaservice München
Dieser Dienst vermittelt ältere Damen an Familien zur Kinderbetreuung. Die Frauen haben meist eigene Kinder großgezogen oder beruflich bzw. auf anderem Weg Erfahrung im Umgang mit Kindern erlangt. Schöne Sache!

Dompfaffweg 10, Tel. 089/48 95 27 61, info@leihomaservice.de | Anfahrt: S4, S6, Bus 242 | www.leihomaservice.de

LILALU e. V.

Ferienprogramme/Ferienworkshops! Siehe auch Seite 100.

Leonrodstr. 10, Tel. 0 18 01/54 52 58 | www.lilalu.org

Mag's *(Innenstadt)*

Bietet eine Babysitterbörse und Beratung im Bereich Kinderbetreuung.

Schwanthalerstr. 82, Tel. 089/5 43 87 51 | Ansprechpartnerin: Ursula Latka-Kiel, Tel. 089/53 29 56 53 | Anfahrt: S1–S8, U1, U2, U4, U5, Tram 16, 19, 20, 21, Bus 58, Haltestelle: Hauptbahnhof | www.mags-muenchen.de

Muckids *(Giesing)*

Von der Kinderparty bis zum Babysitter: Hier wird alles organisiert – und Sie können sich zurücklehnen!

Bergstr. 9, Tel. 089/62 00 97 80 | Anfahrt: U2, Tram 15, 25, Bus 58, Haltestelle: Silberhornstr. | www.muckids.de

MVV

Hier bekommt man alle Informationen zum Münchner Verkehrverbund.

Thierschstr. 2, 089/2 10 33-0 | Servicetel. 089/41 42 43 44, tägl. 6:00–24:00 Uhr (u. a. Fahrplanauskunft zu den öffentlichen Verkehrsmitteln) www.mvv-muenchen.de

Oma-Opa-Service *(Innenstadt)*

Vermittelt verantwortungsvolle Personen für alle Kinder bis 12 – und verbindet damit Generationen.

Herzog-Wilhelm-Str. 24, III. Stock, Tel. 089/54 88 69 63 | Anfahrt: U1, U2, U3, U6, Tram 16, 18, 27, Bus 152, Haltestelle: Sendlinger Tor www.freiwilligenservice.de

Ratz-Fratz *(Daglfing)*

Noch ein wunderbarer Service für die gelungene Geburtstagsfete!

Eylauerstr. 32, Tel. 089/95 89 29 52 | Anfahrt: S8, Bus 188, 189, Haltestelle: Daglfing | www.ratz-fratz.de

Spielgeräteverleih *(Giesing)*

Damit wird die Geburtstagsparty zum unvergesslichen Ereignis: Beim Referat für Bildung und Sport – Sportamt, Abteilung Freizeitsport kann man sich für wenig Geld wunderbare Spielgeräte ausleihen: Wie wäre es z.B. mit Hüpfburg, Kletterturm, Mini-Halfpipe oder Stelzen? Das Sportamt hat ein riesiges Lager mit Spielsachen und -geräten. Die Broschüre „Spielgeräteverleih" gibt es im Internet zum Downloaden, ebenso wie den Bestellzettel. Kosten (Preisbeispiele pro Tag): Fußballtorwand 25 €, Hüpfburg ab 50 €, Zirkuskoffer 20 €, Hüpftiere 1 €. Öffnungszeiten: Mi. + Do. 9:00–12:00 Uhr.

Sachsenstr. 2, Tel. 089/44 48 82 87 15 | Anfahrt: U1, U2, Bus 52, 58, Haltestelle: Kolumbusplatz | www.muenchen.de/Rathaus/scu/service/spielgever/index. html

Starfamily *(deutschlandweit)*

Die Familienagentur vermittelt Kinderfrauen, Spontanbetreuung, Hausaufgabenbetreuung u.v.m.

Peter-Dörfler-Str. 7, 86875 Waal, Tel. 089/1 22 28 96-04 | www.starfamily.info

Under 18 *(Innenstadt)*

Eine Onlineplattform für Aktionen und Projekte für alle unter 18, organisiert vom Jugendinformationszentrum München – alle Termine findet man online.

Herzogspitalstr. 24, Tel. 089/55 05 21 50 | Anfahrt: S1–S8, U4, U5, Tram 16, 18, 19, 20, 21, 27, Haltestelle: Karlsplatz/Stachus | www.under18.de

Umschlag: jeecis – Fotolia.com; S. 3 Franziska Pörschmann; S. 4 Landeshauptstadt München - Direktorium; S. 6 Winterspielplatz, Marc Dittberner; S. 7 Winterspielplatz, Marc Dittberner; S. 9 Haus am S. huttberg; S. 10/11 Galina Barskayam fotolia.com; S. 12 AS. – Neuhausen; S. 13 Haus am Schuttberg; S. 16 Restaurant Fasanerie; S. 17 Hard Rock Cafe; S. 19 Kaiser Otto; S. 21 Menterschwaige; S. 22 Menterschwaige; S. 26 Beach 38 Grad; S. 31 EPOCA GbR; S. 34 Allianz Arena/B. Ducke; S. 36 Glitzerstein; S. 36 Glockenbachwerkstatt; S. 43 Kino im Einstein, KiM; S. 44 Kino im Einstein, KiM; S. 45 M. Tunger - DAV Kletter- und Boulderzentren München; S. 46 Sorthaus Schuster GmbH; S. 47 KuKi – Kunst für Kinder e.V.; S. 48 Kustermann GmbH; S. 49 little ART; S. 50 LolliHop Freizeitanlagen GmbH & Co. KG; S. 50 Maggi GmbH; S. 52 mini.musik - Große Musik für kleine Menschen e. V.; S. 54 Münchner Bücherschau; S. 56 Bayerischees Nationalmuseum; S. 57 BMW, Petri & Tiemann Wissenswelten Management GmbH; S. 58 BMW, Petri & Tiemann Wissenswelten Management GmbH; S. 59, Deutsches Museum, „You are chemistry" – Alles Leben ist Chemie: Blick in die Ausstellung Pharmazie.; S. 60 Haus der Kunst, © Jörg Koopmann 2008; S. 60 Haus der Kunst ,© Jörg Koopmann 2010; S. 63, Marstallmuseum, © Bayerische Schlösserverwaltung www.schloesser.bayern.de; S. 64 Museum Mensch und Natur; S. 65 Museum Mensch und Natur; S. 66 Münchner Stadtmuseum; S. 67 Valentin-Karlstadt-Musäum; S. 68 Deutsches Museum Verkehrszentrum; S. 67 naturindianer München; S. 70 Münchner Umwelt-Zentrum e.V. im Ökologischen Bildungszentrum; S. 71 Münchner Umwelt-Zentrum e.V. im Ökologischen Bildungszentrum; S. 74 SEA LIFE Deutschland GmbH-Niederlassung München; S. 75 Sendlinger Kulturschmiede; S. 76 SIN - Studio im Netz e.V.; S. 77 Fzst boomerang / AG-Buhlstrasse e.V.; S. 78 Spurwechsel Stadtführungen & Veranstaltungen GmbH; S. 78 Die Stadtdetektive; S. 79 Stattreisen München e.V.; S. 80 BAYERISCHE STAATSOPER, Wilfried Hösl; S. 81 Residenztheater, mit freundlicher Unterstützung von Showcase Beat Le Mot; S. 84 Münchner Marionettentheater; S. 85 Münchner Theater für Kinder; S. 86 Theater im Fraunhofer, Theater Continental; S. 87 TheaterSpielhaus e.V.; S. 88 Münchener Tierpark Hellabrunn; S. 90/91 Mircdi – Fotolia.com; S. 94 Franziska Pörschmann; S. 95 Parker Outdoor; S. 97 Landeshauptstadt München Tourismusamt, D-1396, Lebkuchenherz Auer Dult, Foto J. Wildgruber; S. 99 Kulturstrand - die urbanauten; S. 100 LILALU e.V.; S. 101 Landeshauptstadt München Tourismusamt, 408 Auer Dult Kettenkarussel, Foto Christa Tkaczyk; ; S. 102 Pedalhelden c/o Riksccha-Mobil GmbH & Co. KG; S. 105 Tollwood; Gesellschaft für Kulturveranstaltungen und Umweltaktivitäten, Foto: Foto: Markus Dlouhy; S. 108/109 Tollwood; Gesellschaft für Kulturveranstaltungen und Umweltaktivitäten, Foto: Sigi Müller; S. 110 Martina Berg – Fotolia.com; S. 113 A.Seifert – Fotolia.com; S. 115 Münchner Bücherschau; S. 116 Nicola Heider; S. 117 hero – Fotolia.com; S. 119 Tollwood; Gesellschaft für Kulturveranstaltungen und Umweltaktivitäten, Foto: Markus Dlouhy; S. 123 Oliver Raupach – fotolia.com; S. 124 Winterspielpatz; S. 126/127 Pavel Losevsky – Fotolia.com; S. 135 kids.4pictures – Fotolia.com; S. 143 Pete Pahham – Fotolia.com;

Notizen und eigene Tipps

Noch Fragen oder Anregungen?

Mailen Sie uns: angeklopft@losdos-verlag.de

Nein? Alles Klar?

Dann viel Spaß!